大夏书系·全国幼儿教师培训用书

丛书主编／朱家雄 张亚军

幼儿成长及发展个案研究

张亚军／主编

上海著名商标

华东师范大学出版社

ECNUP　全国百佳图书出版单位

图书在版编目（CIP）数据

幼儿成长及发展个案研究/张亚军主编. —上海：华东师范大学出版社，2013.5
全国幼儿教师培训用书
ISBN 978 - 7 - 5675 - 0664 - 0

Ⅰ.①幼... Ⅱ.①张... Ⅲ.①学前教育—教师培训—教材 Ⅳ.①G613

中国版本图书馆 CIP 数据核字（2013）第 090759 号

大夏书系·全国幼儿教师培训用书
幼儿成长及发展个案研究

主　　编	张亚军
策划编辑	李永梅
审读编辑	朱　颖
封面设计	奇文云海
责任印制	殷艳红

出版发行	华东师范大学出版社
社　　址	上海市中山北路 3663 号　邮编 200062
网　　址	www. ecnupress. com. cn
电　　话	021 - 60821666　　行政传真　021 - 62572105
客服电话	021 - 62865537
邮购电话	021 - 62869887　　地址　上海市中山北路 3663 号华东师范大学校内先锋路口
网　　店	http://hdsdcbs. tmall. com/

印 刷 者	北京季蜂印刷有限公司
开　　本	700×1000　16 开
印　　张	15
字　　数	222 千字
版　　次	2013 年 6 月第一版
印　　次	2024年 6 月第十一次
印　　数	25001 - 26000
书　　号	ISBN 978-7-5675-0664-0/G·6445
定　　价	49.80 元

出 版 人	朱杰人

（如发现本版图书有印订质量问题，请寄回本社市场部调换或电话 021-62865537 联系）

目 录
CONTENTS

第二辑　我就睡地上

第三辑　顽童更要关注

第四辑　打开自信之门

第五辑　一份特别的爱

第六辑　有姐姐的样子

丛书总序

2010年底，《国务院关于当前发展学前教育的若干意见》（以下简称"国十条"）给学前教育的发展定了基调，或者说是重申了多年以来被忽略的学前教育的定性问题。"国十条"提出把学前教育摆在国计民生的重要位置，突出强调了它的教育属性和社会公益属性，明确指出，学前教育是国民教育体系的重要组成部分，是重要的社会公益事业。因此，我们有理由认为学前教育迎来了健康快速发展的历史机遇。当然，我们仍然清醒地意识到，学前教育的发展不可能一蹴而就，不应依赖短期的即时政策，而需要一以贯之的良好政策，需要对教育发展规律和教育常识的基本尊重。

学前教育的健康发展无外乎受到外部和内部因素的影响，前者指的是社会发展及政策背景，后者指的是相关从业人员的实践行为。从目前来看，外部因素制约的瓶颈，基本解决了，剩下的是学前教育工作者的实践努力。我们认为，重中之重和当务之急就是建设并维护一支高素质的幼儿园教师队伍。

"国十条"指出，"加快建设一支师德高尚、热爱儿童、业务精良、结构合理的幼儿教师队伍"，并提出了"完善学前教育师资培养培训体系"的具体举措。从2011年起，实施"幼儿教师国家级培训计划"；2012年初，颁发了《幼儿园教师专业标准（试行）》。这些举措实际上都是在重申和强调教育的一个基本常识：教师的专业化水平是决定教育质量的首要因素。

　　本套丛书正是在这样的背景下产生的，但这套书并不是应时应景之作，我们的目标是为幼儿园教师的专业成长提供持续的动力。虽然这套书是沐浴着学前教育的"春风"孕育而生的，但她将会焕发持久的生命力。

　　这套书延续了《给幼儿教师的建议》、《给幼儿园园长的建议》的风格，致力于解决一个核心问题，就是培训的有效性问题。这是一个最基本的常识问题，也是我们首先要直面的问题。无效则不如不做，低效也是劳民伤财。这套丛书或许不能系统地解决这个问题，但我们希望能为培训提供一个有效的载体，这是迈向有效之路的必备资源。如何解决这个问题，我们并没有灵丹妙药，靠的是常识，也就是突出主体性，即所谓的参与式培训。有效无效，受训者心知肚明，这是从结果而言的；想要做到有效，除了培训者和资源开发者的努力外，要充分发挥受训者的主体性。除此之外，别无他途。我们要做的，就是为这个有效之路提供载体。

　　为达成有效，我们在丛书的体系、内容、形式上做出努力，也就形成了本套丛书的三个特点。

　　在体系建构上力求系统明晰。这套书包括6册，力图涵盖幼儿园教师专业成长的所有方面。换言之，这是一套全员适用、全面促进幼儿园教师专业成长的读物。当然，这里的难点在于如何兼顾不同地域、不同专业成长期的不同教师，这个差异可能是巨大的。我们的原则是对应于符合资格准入标准的职初教师，直接的参考依据就是当时还未公布的《幼儿园教师专业标准（试行）》。实际上，这套书是对幼儿教师教育课程在实践层面的提升性重组。

　　在内容整理上力求精练实用。构建了全书的体系后，具体任务就落在了分册主编的肩上，因此，在分册主编人选上我们要求他既能高屋建瓴，又能通晓一线，并力求能在教改前沿和一线工作中融会贯通。对每分册的内容，关键是要提炼出核心的东西，并以一线工作为线索贯穿起来。尽力做到：讲理论要通俗，讲实践要实用。空话套话不讲，提炼核心要素。

　　在形式表现上力求可读、亲切。可读性不应成为出版物追求的重要目标，或者说这只是文字呈现的技术问题。但不知什么原因，没有可读性的出版物确实不少，这是我们首先要规避的。但我们肯定要更进一步，还要给读者亲切感，这个亲切不是文字的技巧，而是立足实际、置身现场、保持对话、情感共鸣。概而言之，需要我们用心来做。

从 2011 年初启动到现在，历时近两年，终于有了收获，这是值得欣慰的。《给幼儿教师的建议》出版后，我们曾说"这是一个很好的开端，并会沿着这样的足迹继续努力"，这套书算是兑现了我们的承诺。我们要感谢各分册主编艰辛的努力，致力于沟通前沿和一线的"壁垒"；我们要感谢"大夏书系"这个一流平台，致力于挖掘深藏一线的教育智慧；我们更要感谢读者，致力于专业成长和生命质量的提升。当然，我们也深知面对成千上万读者的智慧，我们的能量是有限的。恳请读者指正！

朱家雄

2012 年 10 月

丛书使用说明

一、丛书的内容及体系

本丛书目前共有 6 册，分别为《幼儿教师专业成长》、《家园沟通实用技巧》、《幼儿教师如何做研究》、《幼儿园环境设计与指导》、《幼儿成长及发展个案研究》、《幼儿园活动设计与经典案例》。

本套丛书的内容基本指向了幼儿园教师所需要的全部专业素养，形成了一个完整的培训研修体系。

二、丛书的特色

不同于学院式的教师教育，本丛书不求逻辑体系的严密完整，不求专业理论的系统演绎。本着"从一线中来，到一线中去"的宗旨，从工作中提升，结合工作经验学习，应用于工作中。丛书语言通俗，结合案例，可操作性强，引导反思。

倡导参与式培训，无需培训者过多地解读丛书，受训者不是长时间的静听者，而是主动的参与者。在研读丛书的基础上，参与讨论，参与展示，参与反思。

丛书虽不能涉及幼教工作的所有方面，但提供了一个专业成长的载体，在这个基础上，通过参与式培训扩充构建在丛书骨架基础上的更丰满的幼教生活。

三、丛书的目标人群

这套丛书主要是为幼儿园教师全员培训开发的，以幼儿园教师身份参加各类培训的受训学员是本套丛书的目标人群。具体可包括以下类型：

1. 学前教育新政策背景下的各级幼儿园教师全员培训（国培、省培、市培、县培）；

2. 各种类型的幼儿园教师专题培训、研讨会；

3. 非学前专业背景幼教师资的岗前培训；

4. 在职幼儿园教师园本培训及自我提升学习；

5. 幼师生拓展学习及新手幼儿园教师入门学习。

四、丛书使用建议

1. 丛书作为专业读物，要保证必要的研读时间。未必要在培训现场大量研读，但可以选择某篇重点研读，作为讨论的载体。篇末有延伸与讨论的建议，可据此展开同伴或小组讨论，使此主题得到更全面的理解和阐释。这是常规型的参与式学习。

2. 丛书中比篇更大的单位是辑，一辑一般有相对集中的指向。可利用课余或较长的培训时间研读某辑，围绕某辑的主题讨论。讨论的结果以适当的方式交流、报告。这是任务稍重、要求较高的参与式学习。

3. 参与式学习也是在做中学，所以受训者要完成相应的任务。可有以下方式：

（1）个人谈体会，结合工作实际谈经验；

（2）同伴或小组讨论，以小组为单位交流汇报；

（3）基于读物本身的延伸，如对某篇的批判性讨论，改写或重写某篇；

（4）同题撰写自己的篇目，展现同一主题的多样性；

（5）同题撰写某辑，小组或全员分工，按照某辑主题，编辑完成和读物相一致的篇目；

（6）观摩或实践：到幼儿园现场的参与式讨论、学习。

4. 参与式培训不是简单的受教，而是积极自主的学习，并要有实际的成效。至少可通过以下方式展现成果：所有参与式学习与讨论的书面（电子）学习档案，以读物为标杆的、向发表水准看齐的个人写作成果，参训学员学习成果的集成。

张亚军

2012 年 9 月

序

　　本书记录了几十个孩子的成长足迹，呈现了一个个鲜活的成长故事，上百个幼儿园活动场景与镜头。这虽然是一本纸质的平面读物，但留在我脑海里的却是一幅幅流动的画面，仿佛一个个精彩的电影剪辑。本书中的主人公时而在黄浦江边，时而在苏南水乡，时而在江淮腹地，时而在齐鲁之滨，但实际上，她同样出现在祖国大江南北的每个幼儿园中。因为每位幼儿园教师都会发现，这都是发生在我们身边的故事，甚至是平凡的小事。因此，这又是极平常的一本书。只要我们用心记录，我们的工作就是取之不竭的故事宝藏。

　　这些故事有一条教师关爱的主线，也有针对不同类型孩子而"因材关爱"的辅线，分为六辑。第一辑展现的是幼儿园中的一群"佼佼者"，他们的成长充满绚丽的色彩；第二辑展现的是幼儿园孩子的生活故事，是对习惯和健康的最好注解；第三辑展现的是幼儿园中的一群"捣蛋鬼"，但他们的成长并不是被驯服的；第四辑展现的是幼儿园中一群沉默的孩子，是让孩子内心暖流汩汩流淌的故事；第五辑展现的是一群需要额外关注的孩子，在他们身上，老师倾注了心血和博爱；第六辑展现的是一群幼儿园孩子的交往进行曲，教师使它弹奏得悦耳动听。

　　当然，我们不仅仅是讲故事。呈现鲜活的故事，是为了反映孩子富有生命力的成长历程，展现孩子丰富多彩的个性特征，体现教师的专业呵护与关爱。教师不仅仅是记录故事，这些故事中渗透了教师的教育行为，付诸了教师的专业努力。教师不仅仅是记录者，更是反思者，在叙事之外，有专业措施的提炼，有专业精神的升华。

幼儿园教师的专业成长需要理论的提升，需要高屋建瓴的宏观视野，需要深入纷繁庞杂的概念丛林，因为这几乎是所有幼儿园教师都缺乏的。但更需要的或许是从你身边的故事说起，说给同伴听，说给同行听；写给自己看，写给同行看。在这说说写写的过程中，你自己的理论也就产生了，你的理论也就容易与专家的理论交融了，你的专业之路也就开阔平坦了。我觉得这是比较实用的"草根"成长理论。当然，并不是我一个人这么说，还有人也这么说。

苏霍姆林斯基说："我建议每一位教师都来写教育日记。教育日记并不是什么对它提出某些格式要求的官方文献，而是一种个人的随笔记录，在日常工作中就可以记。这些记录是思考和创造的源泉。那种连续记了10年、20年甚至30年的教师日记，是一笔巨大的财富。每一位勤于思考的教师，都有他自己的体系、自己的教育学修养。"

据说朱永新先生曾在"教育在线"的论坛上发了个帖子——《"朱永新成功保险公司"开业启事》，看似玩笑，实则严肃。投保条件为：（教师）每日三省自身，写千字文一篇。一天所见、所闻、所读、所思，无不可入文。十年后持3650篇千字文（计360万字）来本公司。理赔办法：如投保方自感十年后未能跻身成功者之列，本公司以一赔百。

所以，我个人非常喜欢编这样一本书，喜欢听老师讲讲孩子的故事。我希望幼儿园教师也能静下心来读读这些故事，思考故事中蕴涵的教育意义。若觉得有些故事不太理想，那你肯定是有自己更高明的故事，对教育有更深刻的思考。你把自己的呈现出来，讲给同行听，写给同行看，这样，我们就共同成长了！

基于以上的缘由，本书的编写过程出奇地顺利，丝毫没有完成一项艰巨任务所应有的痛楚。恰恰相反，我不断期待着精彩的故事，这些故事往往使我忘却了深夜枯坐在电脑前的孤寂与疲劳。

本书能在半年内成型，主要得益于各位作者的大力支持、配合及信任。特别是得到了一些合作幼儿园的大力支持。我们把撰写书稿与幼儿园教研工作结合起来，真正体现了本套丛书秉承的"从一线中来，到一线中去"的宗旨。要特别感谢上海市实验幼儿园的邵乃济园长和李蓓老师、上海市浦东新区冰厂田幼儿园的姚健园长和汪培老师、上海市浦东新区张江经典幼儿园的陈慧军园长和张肖芹主任、安徽师范大学附属幼儿园的余捷园长和徐莉老师、江苏省姜堰市第二实验幼儿园的黄翠萍园长，这些幼儿园里的故事构成了本书的主体。当然，其他作者也都是有过多次合作的幼教同人，同样向她们表示感谢。还有一些作者的文章因全书篇幅的限制而忍痛割爱，除了感谢之外，还要深表歉意。李永梅社长亲自审阅本书，倍感压力与荣幸。出版社的编辑对书稿进行了精心的编辑和润色，谨致谢意。最要感谢的是读者，当然，也诚恳地接受你们的指正。

张亚军

2012 年 7 月

第一辑　我想做班长

　　他们是幼儿园中的"佼佼者"。他们积极向上，个性张扬，勇于出头，争当领袖。教师注定喜欢他们，但要寻找关爱的最佳切入口。他们的成长故事充满绚丽的色彩，在看似稚嫩的身躯下迸发着蓬勃的力量。

1. 我想做班长

进入大班，培养幼儿的集体责任感、提高他们自我服务的能力，是做好幼小衔接工作的切入口。因此，我们开展了"小班长"活动，每名孩子都有为大家服务的机会。为了调动孩子参与活动的积极性，在推选"小班长"的时候，我采用了"大家推选和相互选择"的方法。我在其中扮演协调者的角色，通过孩子们之间的交流讨论，最后确定大家以"强弱搭配"的方式推荐两名孩子合作完成"小班长"的任务。能力强的孩子起到了榜样和带头的作用；能力弱的孩子，由于受到了同伴的影响，会充满自信地参与到活动中来，这对孩子们自我服务能力的提高是有帮助的。

其实，"小班长"做的无非就是给大家分发点心、绘画工具、书、玩具等小事情。

老师，我想做班长

一天，楠楠跑到我面前悄悄地告诉我："老师，我也想当小班长。"我对他说："好啊，你好好表现，大家会选你的。"到了评选"小班长"的日子，孩子们踊跃推荐自己和其他小朋友，楠楠也坐直了身子张望着大家，可是没有一个孩子推选楠楠。楠楠有些期盼地看着我，此时，我想起了他对我说的话，就微笑地注视着他，鼓励他大胆推荐自己。楠楠勇敢地举起了手，告诉大家："我也想当小班长。"这时，桐桐说："老师，我不同意。"听了她的话，佳佳说："我也不同意，他上次还打我呢。"孩子们七嘴八舌地议论着："不同意！对！我也不同意！"听了大家的话，楠楠很委屈，面对这样的情景我也很尴尬。

楠楠想当班长，想展示自己，可是小朋友们却不接纳他，这该怎么办呢？于是，我马上和孩子们进行了一次交流。"小朋友，你们为什么不同意楠楠当小班长呢？"阳阳说："老师，楠楠经常打人。"恬恬说："上一次楠楠从楼梯上跳下来，还把我推倒了。"楠楠听了大家的话，想想自己以前的做法，不好意思地低下了头。我对楠楠说："大家不同意你当小班长是有原因的啊。"看着他失落的表情，我转而对所有的孩子说："小朋友们想一想，我们自己有没有缺点呢？"这个问题一下提醒了孩子们，乖巧的晨辰说："我应该积极举手回答问题。"桂桂说："有的时候我还吃手呢。"组织这样的讨论，是为了让孩子们明白：每一个人都有缺点，重要的是我们怎样改正。接着我又和孩子们一起帮楠楠找优点、找信心。"楠楠，你来说说看，你有什么优点呢？"楠楠开始有些不好意思，想了想说："我画画很好的。"阳阳接着说："楠楠搭积木很漂亮！"听到小朋友的表扬，楠楠发自内心地笑了。

老师，我坐好了

点名以后，我开始在小朋友中选班长。刚才还在玩小椅子的楠楠赶紧放好椅子，把两手放到腿上，还把胸挺得高高的，眼睛紧盯着我说："老师，我坐好了。"还没等我开口，恬恬就说："楠楠不能当小班长，他老是打人。刚才他还在玩小椅子呢！""是啊，是啊！"许多小朋友附和着。我说："楠楠有没有进步的地方？"楠楠一听，非常紧张地看着其他小朋友。皮皮说："楠楠今天帮我整理建构区了，我觉得他很好。"笑笑说："楠楠昨天和我们女孩子一起画画了，他在外面学画画，很漂亮的，还教我们了，所以我觉得他在进步。"我说："虽然楠楠经常打人，但是我们也看到了他在进步，那我们等楠楠把坏习惯改正之后再请他做班长，好吗？"孩子们都同意了我的说法。

我在家乖了，老师会请我当班长

早上妈妈送楠楠来园时，楠楠使劲地推着妈妈，一个劲儿地催促妈妈："你说啊，你说啊！""说什么啊？"我好奇地问。"哦，是这样的。"楠楠妈妈笑着对我说，"楠楠在来幼儿园的路上一定要我告诉老师他在家里很乖。还要妈妈带来保证书，说要在班级里读，保证以后不随便打人了，只要改正错误，老师和小朋友就会请他当班长。"我听了，感觉楠楠是真心想做班长，而且他也已经很努力地在改正自己的坏习惯。我对楠楠说："你的努力老师和小朋友都会看到，做小班长就是要通过自己的努力争取的。"楠楠用力地点点头。

在选班长的时候，楠楠读了自己的保证书。我问其他小朋友："你们觉得现在楠楠能做班长吗?"笑笑说:"我觉得应该给他一次机会。"妙妙说:"我也这么觉得,楠楠很努力了,如果他做得不好再换别人。""其他小朋友,你们同意吗?"我继续问。"好吧。""那就让他试试吧。"班上其他孩子也都觉得应该给他机会。楠楠高兴极了!

分析与反思:

1. 关注榜样的苗子,树立"领袖"候选人的威信

老师在一日活动中要做一个有心人,时时刻刻关注着每个孩子的表现、情绪变化,关注每个孩子在集体中表现出的良好行为习惯和与众不同的聪慧与灵活,并在大家面前放大他们的优点,让同伴了解他们的长处,渐渐从内心喜欢他们,崇拜他们。这样,当这些小小候选人当上"小班长"以后,协助老师管理班集体时,同伴会比较服从他们的管理,而不会产生排斥心理。

2. 鼓励幼儿互相帮带,激发幼儿积极向上的精神

将每周评选一名"小班长"增加到每周评选两名"小班长",由大家推荐,公开选举。用公正的方法,选出能力较强的正班长和能力较弱的副班长各一名。在"小班长"协助老师或服务班级时,正班长可起带头作用,树立榜样,副班长得到锻炼的机会,在服务他人的同时学会自我管理。

3. 运用表扬、鼓励的方法,激励幼儿争当"小班长"

楠楠积极争当"小班长"本是一件好事,但是遭到全班孩子的指责,对于他来讲,这无疑是一种打击、一种伤害。孩子的主体地位不仅仅体现在教学上,在日常生活中,我们更应该以孩子的感受为出发点,以孩子的进步和成长为目的,给予孩子更多的激励和鼓励。

延伸与讨论

1. 你在选小班长或小值日生时遇到过类似的孩子吗?说说你的故事。

2. 你是通过怎样的方式让调皮的孩子也当选班长的?

(上海市浦东新区张江经典幼儿园 陈 晔)

2. 易子而教好处多

不知不觉，儿子该上幼儿园了，倘若把儿子放到自己班上，那对孩子的发展未必有益。古人讲究"易子而教"，我想，还是把儿子送到凌老师班上去吧，正好她的儿子也上幼儿园了。于是，她的儿子小铃铛就放在了我的班上。

记得开学第一天，凌老师把小铃铛送到班上，他拉着妈妈的手，眼泪哗哗地流，双脚齐跳，嘴里大声叫着："我不要上学！我要妈妈！"小手拼命拽住妈妈的衣角，如此声嘶力竭的场景，好似母子"生离死别"般令人动容，我好不容易才把他从凌老师手上接过来，轻轻地帮他把眼泪和鼻涕擦掉，"我不要你！我要上妈妈班上去！"他依然很排斥我，我笑着把他抱在怀里，安慰他说："好了，我们不哭了！小铃铛最乖了，有什么事情就跟游老师说。"只见他竖起三根手指，哽咽道："妈妈三点来接我，对吗？"我点点头，说："对啊！三点钟妈妈就来了！我们先在这儿玩一会儿，看！这里有这么多的玩具，我们一起来玩吧！"我把他带到桌子边，找了个小椅子坐下，他渐渐地止住了眼泪，并用手摆弄起玩具来。在班上，除了带孩子玩桌面玩具，我还会组织他们玩一些互动游戏，以缓解孩子想家的情绪。在玩"抢椅子"的游戏时，小铃铛特别投入，注意力全在游戏上，什么"哭啊""闹啊"，早跑得没影了，小脸上露出了久违的笑容。

接下来的几天，虽然早上小铃铛还是会哭两声，但他已经开始慢慢接受我了。一进教室，他会主动拉着我的手跟他妈妈说再见，然后就是他的经典动作，竖起三根手指说："妈妈三点来接我！"看着他那滑稽的可爱模样，我跟凌老师相视一笑。

有一次吃完饭，准备睡午觉了，可能是天气比较热的原因，小铃铛身上的背心都湿透了。我想，孩子就这样睡觉，肯定不舒服。我把他带到卫生间，准备给他冲个凉再睡。他问我："游老师，你放水干什么呀？"我笑着说："给你洗澡啊！"他张大嘴巴，惊讶地说："啊？洗澡？现在又不是晚上，洗什么澡啊？""不是晚上就不能洗澡吗？"……我们像朋友一样聊起天来。

渐渐地，小铃铛每天早上来都会愉快地扑到我怀里，对他来说，在游老师班上是一件非常快乐的事情。我想，正是因为老师给了他慈母般的关爱，一句温柔的话语，一个深情的拥抱，一个暖暖的笑容，拉近了彼此间的距离。

在适应了集体生活后，小铃铛的顽皮本性渐渐露出来了。有一次集体活动，我在前面绘声绘色地给孩子们讲着《三只小猪》的故事，孩子们听得可认真了。这时，只见小铃铛坐在椅子上弯下腰，在地板上玩着从家里带来的玩具小汽车，完全没把我放在眼里。我停下来喊他："小铃铛！你说说看，猪老大盖的是什么房子？"他站起来，笑了笑说："啊？我不知道！"我故意生气地说："不知道？刚才我讲的时候，你干什么了？怎么不好好听讲呢？"他意识到了自己的错误，赶紧把小汽车往口袋里塞。我伸出手，说："小汽车放我这儿，我替你保管，看你的表现，如果今天表现好的话，放学的时候就把它还给你！"他摇着头，怎么也不同意。我想了想，又说："小汽车喜欢和表现好的小朋友玩，我把它放在前面，等你拿出好的表现，再把它接走吧！"他听了我的话，乖乖地将小汽车放在我的手上。在接下来的活动中，小铃铛果然认真多了，尽管有时候控制不住，会开开小差。这时，我就会轻轻地提醒他说："小汽车在等你接它回家呢！"听我这样说，他立刻又会专心起来。

通过这件事，我发现要尊重孩子的天性，正确引导孩子，有时候亲切地跟他们交流，反而有意想不到的效果。我对小铃铛就是采用这种方法，一段时间下来，他上课注意力不集中的毛病逐渐改掉了。我看在眼里，喜在心里。

现在上中班了，小铃铛的学习习惯特别好，不管做什么事情都很认真，比如"左右手交替拍球"，他是班上第一个学会的，给全班的孩子树立了学习的榜样。

有次跟他妈妈聊天时，听说了小铃铛在家里的自理能力特别强，早上起床时都是自己穿衣服，然后自己到卫生间刷牙、洗脸，甚至连洗澡都是自己来，不需要大人帮忙，他妈妈让我在班上鼓励鼓励他。现在都是独生子女，能做到这样，确实很难得，也是值得鼓励的。

进入中班以来，孩子们的自理能力有了一定的提高，但还是有孩子依赖心理比较强，不愿意自己动手，我在班上教育孩子们自己的事情自己做。借着这个机会，我把小铃铛喊到前面来，对大家说："今天我要特别表扬一下小铃铛！"孩子们瞪大了眼睛，看着我。我继续说："小铃铛在家里都是自己起床穿衣服，自己刷牙、洗脸，从来不需要爸爸、妈妈帮忙，他还会自己洗澡呢！大家说，他棒不棒？"孩子们齐声说："棒！""我们大家给他鼓鼓掌！"顿时，教室里响起了热烈的掌声。"大家都要像小铃铛学习，在家里也要自己的事情自己做，做个能干的小朋友，好吗？""好！"在大家的掌声中，小铃铛蹦蹦跳跳地回到了座位上，别提有多高兴了。自此，小铃铛做事情更加卖力，人也变得更加自信了！

再说我的儿子小宇，比小铃铛小几个月，刚上小班的时候，总是趁老师不注意偷偷地往我班上跑，我问他："小宇，你来干吗呢？"他用稚嫩的声音回答我说："我要在妈妈班上，我要跟妈妈一起上学。""那可不行！你在凌老师班上上学，不可以往妈妈班上跑，你这样跑过来，凌老师找不到你会着急的！"说着，我就拉着他往凌老师班上走去。

后来，我跟凌老师商量，一定要看紧他，不能让他再随便往我班上跑了。凌老师说："是啊！不能依着他现在年龄小，就放任他，有的习惯还是要从小培养起来，要不然，他跑习惯了，以后就难教育了。"我们的想法达成了一致。从那以后，儿子往我班上跑的次数少了，而且，变得越来越健谈，越来越能干了！有的时候，凌老师让他到我班上送个计划什么的，他送完了跟我说声"再见！"，然后转身就走，从来都不会逗留。我还经常会听到这样的话："凌老师说，吃饭时不能讲话！""凌老师说，好东西要一起分享！"……连小宇的爷爷奶奶都感慨道："没想到，小宇不在你班上，竟发展得这么好！"我说："就是啊，当初孩子没放在我班上，你们还不放心呢！这下总该放心了吧？"他们点点头，连声说："放心！放心！"

小铃铛和小宇的共同进步让我想到，如果当初我们都只是一味地宠爱自己的孩子，无原则地把孩子放在自己的班级，这样不仅会使儿子总是缠着自己，无法正常工作，也让班上的孩子对老师的儿子"刮目相看"，处处让着他，处处将就他，可能会产生负面影响呢。

　　其实，"易子而教"在我国古代早已有之，其意就是我的孩子由你来教育，你的孩子由我来教育。由于具有天然的血缘关系，对孩子，父母容易感情用事，娇惯溺爱，舍不得严格要求；孩子也会因为在父母身边而放任自己。当孩子在另外一个环境中生活的时候，所表现出来的依赖心理就会大大降低，无形中就改正了缺点，这对于培养孩子的独立意识和适应社会生活的能力很有好处。

　　我跟凌老师"易子而教"，根据孩子的发展状况，两位母亲不断沟通，共同商讨教育对策，既促进了孩子的健康成长，又增添了妈妈的教育智慧，一举两得，何乐而不为呢？

延伸与讨论

　　作为幼儿园教师，"近水楼台先得月"，孩子虽然不在自己班上，但一般都在自己工作的幼儿园里。你的班上也会有同事或朋友、亲戚的孩子。面对这种特殊性，教师应该如何做？如何妥善处理这些孩子可能会有的优越感？请结合工作经历，举例与同伴分享交流。

（江苏省姜堰市第二实验幼儿园　游小燕）

3. 巧梅逢雪香更浓

　　一天，在电视上我看到一个面孔熟悉的主持人，定睛一看真的是她——巧梅。在我20多年的教学生涯中，她是给我留下印象最深的一个。

　　小梅（对她的爱称）出生在一个下雪天，恰逢院子里的腊梅开了第一朵花，所以身为中学语文教师的爸爸就为她取名叫巧梅。她四岁半插班来到我的班级，调皮、聪明、健康、阳光，个子不高却有着较强的自理能力，小小年纪竟然嗜书如命。与她相处的一年半时间里，遇到了不少来自她的"挑战"，让我体验到教师这个职业的乐趣与幸福。

嗜书如命

　　午休时，大多数小朋友都开始上床休息了，小梅转来转去不肯上床，问其原因，她说不想睡觉。我告诉她：眼睛和大脑都忙了一上午，累了，它们都需要休息呀。连哄带劝，她终于上了床。正当午休室渐渐安静下来的时候，忽然传来"咚、咚、咚"的声音。仔细一看，是小梅把屁股在床板上一蹾一蹾发出的声音。我走到她床边，轻轻地抚摸着她，她冲我做个鬼脸，安静了。我一转身，她又开始了。没办法，我只好让她先起床，她自我建议：去看书。我答应了。有了书看，她马上安静下来。没想到的是，她能够一页一页一本一本认真地看，看完后还考我：世界上最小的鸟是什么鸟？当时我真的不知道，正当我在脑海搜寻这个问题的答案时，她开口了："蜂鸟啊，连这个都不知道啊！"她讥笑我。"那世界上最大的鸟是什么鸟？"我反问道。"我也不知道。"她不好意思地说。"最小的鸟你是从哪里知道的呢？""书上呀。"她一边说着一边指给我看。"书里有最小的鸟，难道没有最大的鸟吗？""我找找吧。"接着又看起书来，一看就是20多分钟。当我问她有没有找到最大的鸟时，她一伸舌头说："我忘找了。"原来她又看上另一个故事了。

她妈妈工作比较忙，家里的报纸没时间看。一次妈妈对着一堆报纸说："真可惜，白花钱了。"谁知妈妈话音没落，小梅说："我来帮你看吧。""帮我看报，怎么帮？"妈妈不解地问。"我看完了告诉你不就行了。"这个主意不错。以后，妈妈就一边做家务，一边听她"讲"报，或"读"报。5岁的时候，爸爸出差在外地，晚上打电话想与她聊聊天，她从妈妈手中接过电话问："找我有什么事，快说，我看报呢。"见爸爸没有重要的事，就匆匆把电话挂了。

分析：

小梅"嗜书如命"的表现，与家庭的影响有很大关系。虽然值得肯定，但不一定适合每个孩子效仿。像这样的幼儿在生活中并不常见，是典型的个例。虽然刚刚四岁半，但看书对她来说已不仅仅是满足对色彩、形象、角色认识的需要。她看书，就像蜜蜂见了花儿一样，如饥似渴，不知疲倦地、贪婪地汲取着其中的营养。书中的大千世界、新奇事物极大地开阔了她的视野，丰富着她幼小的心田。她看书时流露出的是一种自信与满足，她自由地享受那种满足感带来的乐趣，这种乐趣又成了她喜欢读书的巨大动力。这就应了那句话："兴趣是最好的老师。"因此，保护并利用好这种兴趣，引导她逐步养成爱读书的习惯，将会令她受益终生。

策略：

在不影响正常教学常规的前提下，在一日活动的部分环节，我对她量身定做了以下有针对性的教育策略。

第一，班级里准备充足的幼儿图画书、幼儿刊物。一个方法是建立班级图书角，请小朋友每人每月自带一本图画书，丰富图书种类；还有一个方法，建议小梅的家长为她准备些高一年级小朋友看的儿童读物。我们的原则是：可以有书不看，但是绝不能在想看的时候没有书。

第二，准备识字的工具：字卡、看图识字、识字光碟等，供她自学使用。（家、园都准备）当然，这个不作强求，但凭孩子自己的兴趣。

第三，创造机会，引导她学以致用。让她做图书管理员，班里来了新书，请她分类摆放；小朋友看完书后请她整理；每天带领班里的小朋友读日历、读天气预报。偶尔也请她帮助老师点点名。在做这些事情的过程中，她得到了老师表扬与鼓励，赢得了同伴的羡慕与信任。

效果：

老师的表扬与小朋友羡慕的眼光，似乎给了小梅更大的动力，她表现得更加自信，更喜欢读书。古人云："熟读唐诗三百首，不会作诗也会吟。"喜爱读书的小梅，在日常生活的言谈间，表现出较强的观察、想象、概括、表达能力。一天早上，妈妈送她去幼儿园。一出门，发现到处是浓雾笼罩，她马上一句"日照香炉生紫烟"，惊得妈妈当时一愣。

自理自立

入园第一天，同是插班生的其他几个小朋友哭着闹着找妈妈，唯独她不声不响，坐在图书角的地上翻阅着幼儿园的图书，不用我操心。以至于第一次组织小朋友上厕所我都没有注意到她。我觉得她真的很省心。后来观察发现，她会做的事还真不少。衣帽间里，她叠好自己的外套，又去帮助其他小朋友，偶尔也会别出心裁地把叠好的衣服分类摆放，今天按颜色分，明天又按大小分。还有一次，小朋友上完厕所陆陆续续回到活动室，我发现小梅的位置空着，让保育员赶紧去找。原来她一个一个在拧水龙头呢，原因是小朋友匆忙之中没把水龙头拧紧，她怕浪费水。她带领大家读日历和天气预报时，我无意间听到她说：谁先读出来，就叫谁一声"×老师"。这个办法大大激发了小朋友学习识字、争读天气预报的热情。

分析：

我们应该看到的是，小梅这种"愿意做事""会做事"习惯的养成，有赖于家长和老师的一些特别的教育方法，其中所蕴含的教育理念更是值得学习的。

随着小梅阅读量的增大，通过"顺读""询问""猜读"等，她的识字量迅猛增长。据家长说，并没有专门教她认字。但是，从上面的案例中可以看出，家长很多的教育理念是很先进的，对大家是很好的启发。如：以没有时间看报为由，启发她给家长"讲报""读报"。家长巧设机会，以鼓励、奖励等方式方法，让小梅有了更多自己做事、面对问题的机会。她在动手做事的过程中，满足了自身"爱操弄""喜欢探究"的心理需求，增长了见识，锻炼了能力，体验到成功，增加了自信。

策略：

面对这类自理自立能力强的幼儿，要有策略地做一个"懒老师""笨老师"。只要他们能做到或稍稍努力能做到的事，老师都尽可能把机会留给他们。

效果：

老师的"懒"与"笨"，能够促进幼儿潜能开发，实现自我超越。在衣帽间叠衣服这项活动，小梅不但自己做得好，在老师的启发、引导下，她还培养出了3名助手，让更多的幼儿自理能力得到锻炼与提升。

小梅的表现，已经明显超出同龄小朋友，常规的教学要求已经不能满足她发展的需要。为了不让她"虚度光阴"，我遵循了"因材施教"的原则，对她实施了个性化教育方法。这就像百花盛开需要温暖的环境，唯独腊梅的盛开需要寒冷的环境。只有在最适合的环境里，才能开得更好，才能散发出最浓郁的香气。因此，针对能力水平不同的幼儿，要创造不同的环境与机会，促其在原有基础上快速、全面地发展。如小梅在6岁时学画画、学习拉二胡，她画的国画《雨打芭蕉》，在市里幼儿绘画比赛中获一等奖。小学三年级写的作文据说已经达到了初中三年级的水平：这既让我感到意外，又觉得在意料之中。

延伸与讨论

　　像小梅这样各方面都比较优秀的幼儿，在我们的班级里不会有很多。但细细分析，每个孩子又有各自最突出的特点。要使每个孩子富有个性地发展，就要采用针对他特点的教育策略。请在您的班级中分别选取3个优秀的和3个发展较慢的学生，制订出针对他们的教育策略，并尝试实践。

（山东省泰安市教育局　闫兴芬）

4. 阿宝的烦恼

阿宝是一个性格外向，甚至有些横冲直撞的男孩。他是百事通，能说会道；他也是好斗的小公鸡，一点点肢体接触也能让他勃然大怒，迅速还手。在他的世界里呈现的是尽情释放，他对自己很自信，但是，渐渐地他发现自己所不能驾驭的事情越积越多，坚强的阿宝碰到的挫折越来越多，他觉得自己连班里最淘气的那个都比不过了……

好斗的小公鸡

阿宝和女孩儿一起玩时基本不闹矛盾，和男孩相处时总是磕磕绊绊。

一天下午，阿宝与天天多次发生冲突。"是谁先动的手?""他!"两人对视着，用手指着对方。"到底是谁?""是他!"天天很肯定地说。"是他!"阿宝模仿着天天的语气与样子。"希望你们能够说实话。""是阿宝!""是天天!"阿宝再次模仿着天天，但脸上的表情有些复杂。

看来，得换个方式处理这对冤家。于是，我就直接把他们推到了集体面前，让全班孩子来参与解决。"既然你们碰到矛盾就只会动手，那就分开吧。请一位去其他班级，可能会好起来。"我话音刚落，两人开始互指对方，气氛紧张起来。

这时，不知谁起了个头，大叫"天天、天天"。一下子，全班响起了要天天离开的声音。天天又气又恼。

"说说选择天天离开的原因。"于是，大家一一列数了天天的缺点，平时受到天天欺负的孩子们一下子有了集中诉苦的机会，诉说起来滔滔不绝。

"那阿宝有缺点吗?"听到我话锋一转，孩子们有些愣住了，刚才有点得意的阿宝脸一下子挂了下来。孩子们总结了他最大缺点是"做事情太着急，很冲"。

"所以发生矛盾时，两人都有责任！每次发生矛盾并不一定是天天的责任，不要把责任推到一个人头上。下次，希望你们还是能好好地说。大班了，学会好好解决矛盾，君子动口不动手，吃点亏又能怎样？"

紧张的气氛得到了缓和。

所谓"一个巴掌拍不响"，从阿宝的眼神中能感受到事情可能由他挑起。在与阿宝奶奶交流后，阿宝在家中也受到教育，起到了很好的补充教育效果。孩子在幼儿园的行为表现其实是家庭教养的体现，他们在集体中学习与同伴交往、处理矛盾，出现问题在幼儿园解决后还是需要再反馈到家庭教育中，由家庭成员配合教育。这样，孩子的意识、行为才能一致。

竞选中的成与败

进入大班，班干部竞选活动较为普遍采用。一听到要竞选小队长的提议，阿宝就两眼发光。

在小队长竞选的过程中他很积极，极力推荐自己并拼命说服大家投票选他。"选我吧，我知道很多东西，上课我也会动脑筋举手回答问题。很多事情我完成得很快，还可以帮助大家。"队里的女生多数是一起玩的伙伴，显然较认可他，投了赞成票。

首战告捷，阿宝小队长成功当选。

经过小队长竞选的预演，一个月后启动了班干部竞选。

"阿宝，你想竞选什么职位？"

"当然是班长啰！"

"很有勇气的决定！不过，会有很多伙伴来竞争，要加油！"

"没问题，我会说服他们选我的。"

"祝你成功！"

阿宝开心地笑了。

竞选当天，果然有八位孩子角逐班长一职，阿宝排在第四位。前两位孩子的竞选词说得大声，但有些忘词。阿宝很淡定的样子。第三位孩子除了准备竞选词，还展示了才艺，一下子赢得了大家的喝彩。阿宝有些紧张。

轮到他了，他很神气地上台，开头两句显然是准备好的，说得大胆自信。之后，开始自由发挥，说得有些不利索了。他边说边看大家的反应。最后，把准备的结束语用上，下场，接着很是认真地听伙伴的竞选。

很快，进入投票阶段，第三位有才艺秀的孩子赢得了大家的支持，当选班长。

"她就琴弹得好，但这又不是当班长要的啰。"

显然，阿宝还是相当不服气的，他觉得当选者有投机取巧之嫌。

在接下来的三次竞选中，阿宝还是孜孜不倦地选择竞选班长，但非常遗憾，有一次在只有三位孩子竞选的机会下，大家竟然选了他的"冤家对头"天天。更让他伤心的是，本来说好选他的小欣，却临时选了小欣的朋友。

阿宝一下子爆发了："我再也不选了！他们都是选自己的好朋友！"

看到他的样子，我很心疼，但是现实就是这么残酷。我不知该怎么让他明白，一个人的胜出除了实力，还需要有人支持，而这恰恰是阿宝需要去学习的。

"阿宝，我知道你很难过，你哭吧，等你哭好，你还是得想一想大家选天天没有选你的原因。"

我和他分析了天天的弱点，更帮助他看到天天的进步与改变——愿意与大家分享好吃的，有时也会帮助别人，不总觉得自己很了不起。

阿宝心有不甘，但是紧握的拳头松了下来。

在自己的对手面前败下阵来，好强的阿宝无疑很受打击。但从好的方面看，这次失败可以帮助阿宝发现周围伙伴的进步，而不是用挑剔的眼光觉得大家都不如他。这是阿宝存在的最大问题，他会把自己看得很棒，而对自己周围的人有种不屑感。这次的竞选让阿宝在挫折中有一种切身感受：与伙伴交往不能一味让大家听自己的，要学会听听大家的意见。

紧张的舞台

一次朗诵比赛的机会，我决定让阿宝去试一试。

阿宝选了一首古诗《游子吟》和故事《说吃葡萄酸的狐狸》。三天时间，背得挺熟。

当然，上台朗诵时的表情、动作需要辅导一下，走台的礼仪也需要练习一下。在我面前，他很快掌握。

负责带队比赛的黄老师把参赛者集合起来再次演练，阿宝显得紧张，反复几次还是如此。

"阿宝，你紧张吗?"

"紧张。"

"为什么?"

"我也不知道，我会忘记。"

"你把大家当成大白菜不就好了。爸爸妈妈、蔡老师怎么教的，就怎么说，没问题的。"

"好吧。"

比赛当天，阿宝还是紧张。

这次比赛主要是为了锻炼阿宝在陌生人面前表现的胆量。上次的竞选演讲暴露出阿宝太在意听者的态度，以致一上台说话就紧张。在布置比赛任务时就和他的家人说明目的，不在乎比赛结果，主要是练胆。阿宝家人其实很看重这次比赛机会，而且很希望阿宝能得奖，但我很明确地告诉他们阿宝可能出现的问题，他们也认同了，没有在结果上给予过多期望。

分析与反思：

阿宝的烦恼在于他在与人交往中过于强势，让他在伙伴中缺少支持者；太要强、太在意事情的结果，有时往往适得其反，越在意越达不到自己的预期，反而丢失信心。因此，我们可以考虑从以下方面着手：

1. 从根源着手，实施积极家教干预

阿宝的"强"细究下来与家庭成员的高学历（其爷爷、奶奶也是大学生）、高期望、高要求相关。因此，我从其家庭教育入手，家园密切互动，通过案例分享、录像、活动开放展示孩子的进步与不足，让他的家庭成员感受到我的诚意，乐意与我坦诚探讨阿宝的发展情况。在互动中，让他们明白孩子的教育不仅是成功教育，还应该有快乐教育，不要在幼儿园阶段就给阿宝过多压力，应适应孩子天性，给其犯错、自我尝试的机会。

2. 从个性着手，实施积极情感干预

对于类似阿宝的强势孩子，他们往往是敏感的，更在意周围的眼光，因此需要成人更多的关爱和理解，理解他们想要释放的需求，了解他们的喜好，创造一些机会给予满足。如在户外运动时，当没有危险因素时，尽量满足他的运动创意，不简单粗暴地制止，让他有一些自由与空间。他能够从你的宽容里解读到你对他的关爱，然后更加信服你。

3. 从时机着手，实施积极行动干预

要让孩子去明白一些感受，光说不行。当事情发生了，抓住时机才能让他有切身感受。抓住每一次教育契机，尽量处理妥当。

延伸与讨论

有的孩子一方面喜欢争强好胜，有时甚至很霸道；另一方面，因为太过强势，会遭到多数孩子的抵制甚至孤立。你的班上有过这样的孩子吗？作为老师应该如何做才更有益于这类孩子的成长？请与同伴交流与分享。

（上海市浦东新区冰厂田幼儿园　蔡春燕）

5. 天使从这里飞翔

　　婉云是个皮肤白白、笑脸盈盈、自信满满、做事认真的小女孩儿，在班级里有很多的"崇拜者"。但她在刚入园时可不这样，行为蛮横、做事马虎、笑容不够淑女……绘画课上，她的涂色总是乱七八糟；别人排得好好的队，她忽然一拨开人群就要往前站；老师或同伴说话，她随意打断……

　　在这个班集体中，我们耳濡目染，我们朝夕相伴，通过教育，她悄然发生改变。一起来看看我们之间的故事吧。

我和老师一样做

　　我们班午休室里的床是上下铺，上铺是一个大大的、长长的带有栏杆的通铺。中班新学期开学第一天，孩子们一字排开，各睡各的小铺。头全部朝栏杆处，以便我们更好地巡视幼儿睡觉情况。我要求孩子们在上面走动或下来小便时不许走栏杆这边而全部都靠墙走，以免踩到其他幼儿的头。不大一会儿，几个孩子陆续下来小便，无一记住我说的，都走了顺道——栏杆处。我暗自决定下午起床后要好好批评这几个"不长记性"的孩子，但一想下午说了也许明天他们还是会忘，于是我准备以身作则。我上去巡视了下每一个小朋友的睡姿，有趴着睡着的就轻轻翻过来，有踢被子的就将其盖好，当然了，整个过程我都是沿墙边走的，一副小心翼翼的样子。这时，婉云要去小便，只见她"噜"的把被子一掀，跨过一个伙伴的头就往前走，忽然好像想起啥，看了下我，转而沿墙边走，口中还念念有词："不能从栏杆走，要靠墙走，不然踩到小朋友的头就不得了啦！"我亲了下她，竖起了大拇指。她笑嘻嘻地说："陈老师，我知道你为什么亲我，因为我和你一样，没踩到小朋友的头，我厉害吧……"骄傲的表情浮现在脸上！

这个年龄段的孩子大都对老师的话左耳朵进、右耳朵出，没有多少规则意识。所以更多的是要老师以身作则，这样比说教更有效，连婉云这样"不长记性"的孩子在模仿跟做之下都轻松习得规矩了。

"迂回战术"解决同伴矛盾

一天早上，天气不太好，孩子们在教室里玩桌面游戏。最先来到学校的婉云拿了把小椅子坐在自己的座位上玩起了她最喜欢的串珠，玩了一会儿就离开座位和其他小朋友交流了几句。结果回来发现，迟来的小戴同学竟然"鸠占鹊巢"，坐在自己的座位上玩起了串珠。坐在旁边观察的我没有说话，心想，心高气傲的婉云会怎么解决呢？只见她立刻和小戴同学理论起来："这是我的座位，我拿的串珠！"小戴回应说："我也喜欢玩这个串珠，我就要在这玩！""这太少了，你玩了我就没有了！"双方各执一词，不相上下。气得婉云伸手就要来抢！我想，再不救火就该打起来啦。就向婉云使了个眼色，她余气未消地走了过来，我轻轻地跟她说："有个法子，让你们都能继续玩串珠，却又不吵架，小戴还更加喜欢你。"听我说完，婉云刚才还愤怒的眼神立刻发出一道温柔的光。她走向玩具篮，捧起一把串珠和线直奔小戴的座位，然后跑回来很礼貌地对小戴说："你看你的座位上有好多串珠了，这下你可以回到自己座位上去玩了吧？"小戴疑惑地看了看，有点儿不好意思地放下手中的串珠奔回了自己的座位，开心地继续玩了起来。

看到这一幕，大家可能都有共鸣。在幼儿园日常生活中孩子间的矛盾比比皆是，为了点小事吵架甚至还打架，时不时过来告状，而我在这里采用了聪明的"迂回战术""退一步说话"。既教会婉云维护了自己的利益，也不伤害他人。小戴在发现自己的错误时，不是蛮横无理地将错就错，无视他人的权利，而是很自觉地退让。双方都开开心心，真正做到了彼此尊重，和谐相处！今后出现类似的矛盾，婉云都能迎刃而解了。

如今她身上的闪光点还是很多的：上课不会随意插嘴大声喧哗了；喜欢同伴的玩具，会过去商量着说："借我玩一会儿好吗？玩过就给你。"；到了班级"我型我秀"时间，她大方地走上前去，清楚地说："大家好，我叫卓婉云，今天我给大家唱一首蓝精灵。"也不再那么蛮横和不守规则了，她的改变虽然不是一朝一夕的事情，但纵观我们老师对婉云的教育，有几条经验值得重视。

1. 严格要求，原则性的错误不能犯

婉云是个不太有规则意识的人，所以要时时敲下警钟。虽然在园里不管是活动中还是活动后，我们都给她充分的自由，自己想做的都可以，但原则性的错误不可以犯，原则性的规矩必须遵守。如：集体活动结束后可以与同伴交流、户外玩耍，但在上课老师讲话时不可以插话，若有事，先举手示意；可以与同伴发生矛盾，但是坚决不可以动手；等等。给她自由的同时也要她遵守一定的原则，一旦违反也要"严惩不贷"！时间久了，在尝到甜头的同时，自然会慢慢约束自己的行为。

2. 尝试让孩子自己解决矛盾和问题

如今幼儿大都以自我为中心，不会谦让，同伴之间矛盾百出。有些老师会教幼儿在与伙伴发生矛盾时跟老师说，其实这样只会更加助长孩子爱打小报告的习惯，孩子能独立解决一些小矛盾，所以我的名言是：你自己先尝试解决，实在不行再来求助我。

孩子作为独立的生命个体而存在，那就请我们的老师爱得理智点，爱得内敛点，让孩子有独立思考和活动的空间，独立去解决一些问题，这样才能真正促进孩子成长！

3. 增强家园合力作用

有时老师为了避免不必要的麻烦，孩子在园内犯错，往往都抱着"息事宁人"的态度，不愿多向家长交代，这样反而失去了家园合作的机会。我知道传统的德育已不能更好地驾驭如今这群犟牛般的孩子了，便要求家长和我们老师保持信息畅通，家里、园里要求一致，发生的事情要及时沟通。比如：婉云午休习惯不好，下午活动没精神，我就主动和她妈妈说晚上回家也不许她早睡，非让她困到极致，这样她才会重视午休，主动入睡。而婉云妈妈更是深知家园合力的功效，密切地和我们保持联系，主动配合老师，双管齐下地应对孩子出现的各种问题。

4. 要善于保护幼儿好奇心

孩子们都是好奇的天使，有问不完的问题。我们不是发出简单指令去敷衍和压抑孩子，对于孩子们提出的问题，我们也从不含糊，而是认真地回答；如果有回答不了的问题，我们就实话告知，之后再通过上网、看书等方式找到答案，给孩子们科学的解答。

因为婉云好奇心强，爱思考，语言也较丰富，导致在园内日常生活中话比其他孩子多。她经常拉着我和另外两位老师说个不停，有时还影响了我们正常的带班程序。所以我经常和婉云说："在老师忙的时候，可不能老是拉着我们说话哦，不然我就不是一位好老师了，等我们不忙的时候再和我说悄悄话……"等我忙完，我会专门抽出点时间实现承诺，让她来和我说心里话，我专心倾听，并解答她的疑问。久而久之，她越来越会合理寻找谈话时机了，不那么骄横跋扈地想什么时候说就什么时候说了。

幼儿教育事业虽不是一个多么惊天动地的事业，但绝对是让你有所成就的事业。如果我们将自己永远看作6岁的孩子，用这样的心灵和他们对话，我相信每个幼儿都如婉云一样，是个可爱、鲜活、独立的孩子，是个永远开心的快乐天使！

延伸与讨论

你对班上这种有点不太有"规则意识"和"蛮横"的小女孩是如何处理的？效果如何？她们的变化主要有哪些？

（安徽师范大学附属幼儿园　陈会云）

6. 勇敢的"沸羊羊"

自由活动时间，一个小朋友突然跑过来，很慌张地对我说："老师，老师，诺诺刚才打小宇，小宇在哭呢！"

听到这个消息，我连忙赶了过去，只看见小宇在伤心地哭，脸上有道红红的印子。诺诺则气呼呼地，双手叉腰，皱着眉头，一旁还站着不知所措的佳佳。小宇一看到我，就委屈地边哭边说："老师，诺诺打我！"我问诺诺："诺诺，你为什么打他呀？"诺诺气鼓鼓地说："是他先不好的，他欺负佳佳，是佳佳先玩的玩具，他非要拿走玩，佳佳不同意，他就抢！我看到了，就把他推开，打了他！"我询问了一旁的佳佳，佳佳点点头："是小宇先抢的，诺诺想帮我！"我问小宇："小宇，是这样的吗？"小宇不好意思地点点头："我也想玩那个玩具，佳佳不给我，我就……"诺诺一脸得意地说："老师，你看，是小宇不好呀，他先抢佳佳的玩具的，他欺负女生，我爸爸说看到不对的行为要挺身而出的！所以我就帮佳佳了！"诺诺一脸正气，就像一个正义使者一样。

正好自由活动时间结束了，在分享环节，我请全班小朋友一起来聊聊对这件事情的看法。"对于诺诺的行为，大家认同吗？"教室里顿时热闹了起来，孩子们都踊跃地表达着自己的看法："我觉得诺诺不对，因为他打人了！我妈妈说打人是不对的，是野蛮的行为！""我也觉得，虽然是小宇先抢玩具，可是诺诺也不该打人呀！"这时诺诺沉不住气了，"那小宇先抢玩具，他先欺负女生，我爸爸说男生要保护女生的！"诺诺愤愤不平地说道，根本听不进大家的意见。于是我决定让诺诺先冷静一段时间再和他好好谈谈。

之后的几天，我经常看到诺诺在自由活动时一个人在玩玩具。于是，在一次活动时，我走了过去，坐在诺诺身边，和他聊了起来。

"诺诺，你在玩什么呀？"

"这是我爸爸给我买的沸羊羊玩具,很好玩的!"

"嗯,是挺好玩的,还会动呢!这么好玩的玩具你怎么不和大家一起玩呀?让大家一起来分享你的新玩具呀!"

诺诺沉默了一会儿,说:"他们不和我玩。"

"为什么?"

"他们说我很凶!"

"哦?那你觉得他们说的对吗?"

诺诺想了想说:"嗯,好像是有点。其实我就是在看到人家做得不对的时候就会告诉他,希望他改正!我爸爸希望我长大像沸羊羊一样勇敢,有正义感!"诺诺说着说着就有点儿委屈了,脸上也露出无奈的表情。诺诺有些无助,我把他抱在怀里,轻轻地对他说:"亲爱的'沸羊羊',不用烦恼,让我来帮你吧!"

在接下来的游戏分享时间里,我让诺诺站在我身边,我拉着他的手,和孩子们一起聊了起来。

"在新的一年里,每位小朋友都长高了,聪明了,本领也更大了,金老师发现我们的诺诺也长大了,更像个小男子汉了!我越来越喜欢诺诺了,你们有没有发现诺诺身上的优点呀?"

"诺诺很勇敢的!"

"诺诺很爱帮助人的,以前我摔倒了,诺诺就把我扶起来。"

"诺诺的力气很大的,我记号笔盖子打不开,他就帮我打开。"

"诺诺会和大家分享自己的玩具。"

……

"哇!诺诺身上有这么多优点呀!就像小朋友说的,你真像沸羊羊一样勇敢,乐于助人!"诺诺听到后,咧开嘴笑了起来。我又问小朋友:"那诺诺有这么多的优点,为什么你们这几天不和他玩呀?"

"因为他说话的时候很凶,我不喜欢。"

"我觉得诺诺虽然很爱帮助人,可他总是打人,用武力解决!"

"诺诺对女生讲话的时候再温柔些就好了,我耳朵都快被他叫聋了。"

……

诺诺在一旁听着,开始意识到自己的行为的确有些不妥了。

看到他的变化,我把诺诺拉到了怀里,轻轻地抱住他,对大家说:

"你们知道吗？在我的心里，我一直很崇拜诺诺，我觉得他就像《喜羊羊与灰太狼》里的沸羊羊一样，很勇敢、坚强，不怕困难，也很愿意帮助大家，看到不对的事情，他总是能挺身而出！"诺诺听到我说他像沸羊羊，脸上露出了开心的笑容："我就是一只沸羊羊，我喜欢沸羊羊的勇敢！"于是我接着说："对于这只勇敢、坚强、乐于助人的'沸羊羊'，你们喜欢吗？"孩子们异口同声地说："喜欢！"我又接着说："可是每个人身上都有些小缺点，沸羊羊也会有，那你们有没有一些好的建议要送给他呢？"孩子们纷纷举起了小手。

"我觉得诺诺很勇敢，我很喜欢他，要是他平时说话的时候再温柔一点就好了，不要那么凶！"

"我觉得诺诺经常帮助别人，很好的，希望诺诺以后不要打人，多和别人讲道理！"

"我觉得诺诺很像动画片里的沸羊羊的，总是会帮助别人，只是有时候太冲动了！不能打人的！"

……

孩子们你一句我一句地谈论着，诺诺听到大家的话，脸上不再是倔强的表情了，显然他已经接受了大家的意见。

接下来的一天里，诺诺的心情一直都很好，和小朋友相处得也很愉快。下午放学的时候他很开心地和妈妈说："妈妈，老师今天说我是'沸羊羊'！"

晚上，诺诺的妈妈打电话给我，告诉我诺诺回家把今天的事情告诉了他们，他知道了自己哪里不好，也很高兴小朋友们给他提了很多建议。他还说他现在要做一个大家喜欢的沸羊羊！非常感谢老师给他创设这样的机会，他们在家里也会积极配合，和老师们经常沟通。

在接下来的一段时间内，我经常关注诺诺的表现，对他乐于助人的行为进行表扬。诺诺又变成了一只活泼开朗、乐于助人的"沸羊羊"了！

分析与反思：

诺诺处于大班年龄段，这个年龄段的幼儿社会性情感不断发展，出现不安、满意、骄傲、自豪等较复杂的情感体验。儿童的自我评价也从依从性评价向独立性评价发展，他们不再轻信成人的评价，当成人的评价与儿童的自我评价不一致时，他们会提出申辩。因此对于诺诺的行为，不能进行简单的批评，而要通过适当的方式让他自己体会到这种行为的不恰当，并欣然接受。

诺诺本身是一个性格比较外向、自信的孩子，自尊心也非常强，很有正义感，有些"小英雄主义情结"。对于这样的孩子，在处理方式上要注意保护他的自尊心不受伤害，因此在提出建议时，要注意措辞，采用先扬后抑的态度。诺诺一开始很坚定地认为自己的初衷是正确的，是为了帮助弱小的伙伴。

经常会有这样的孩子，他们的行为结果与自己的初衷不一致，在处理这样的事件时，建议老师先要肯定孩子的初衷，对他的乐于助人表示欣赏，保护他的自尊心，再请小朋友们对他的行为提出合理的建议。同伴的建议能让他切身地感受到自己行为的不妥，这样更利于他改正自己的行为。

诺诺的爸爸也是一个富有正义感的家长，在日常交流中能够了解到他的教育观念，他希望自己的孩子能有独特的性格，勇敢、自信、开朗，将来面对社会上的不正之风敢于指出，不做中庸之人！但是诺诺的爸爸在教育时有些过于偏激，因此诺诺的行为有时难以被同伴接受，甚至会给他的交往带来困扰。作为老师，在这次事件后，应该及时和家长沟通，让家长了解孩子的现状，要让孩子了解给他人提意见时可以更温和一些，有理不在声高。

延伸与讨论

面对性格倔强的孩子，教师该如何采用适宜的教育手段来应对呢？你身边有这样的个案吗？不妨一起讨论交流一下哦！

（上海市浦东新区冰厂田幼儿园　金　楠）

延伸与讨论指南

主题词：小班长（1. 我想做班长）
- 小班长可不是"官"，是为了培养孩子的服务意识和锻炼孩子的能力而设的；
- 要给每个孩子锻炼的机会；
- 给那些跃跃欲试的孩子泼点冷水，给那些胆小懦弱的孩子创造机会，给那些犹豫不决的孩子多些鼓励。

主题词：得天独厚的孩子（2. 易子而教好处多）
- 所有的孩子都是平等的，都不应有特权，您自己的孩子、同事的孩子、领导的孩子……
- 要明白这样的道理：孩子终究要独立面对社会，此时的优厚待遇或许是彼时的羁绊；
- 悄悄地给孩子优厚待遇也不行，或许这只是自作聪明。

主题词：佼佼者（3. 巧梅逢雪香更浓）
- 他们是上帝的宠儿，没有理由不让他们更加优秀；
- 英才与大众是平等的，但可以给他们更高的要求和更适合的土壤；
- 当然，他们不是完美无缺的，别让优秀蒙蔽了大家的眼睛。

主题词：争强好胜的孩子（4. 阿宝的烦恼）
- 他们永远是最富表现力的孩子，不要压制他们；
- 他们有可能遭到同伴的抵制，要让他们知道强者也要大众的支持；
- 要让他们更好地认识自我，毕竟不可能永远都是强者，处处都强势。

主题词：莽撞的女孩（5. 天使从这里飞翔）
- 女孩不一定就要是淑女，要有开放的心态；
- 性格直率是优点，但不可过于鲁莽，尤其要遵守规则；
- 安静、细心的活儿，让她们多做些。

主题词：义气的男孩（6. 勇敢的"沸羊羊"）
- 正义永远需要弘扬，即便是孩子，何况是男孩；
- 义气与鲁莽可能是一步之遥，要把握这个分寸；
- 教会他们讲道理和用规则，他们会成为真正的"首领"。

第二辑　我就睡地上

　　这是幼儿园中一群孩子的生活故事。在教师的呵护下，他们要在共同生活中习得良好的饮食、睡眠、盥洗习惯，有生活自理能力，适应集体。他们的成长故事看似世俗、琐碎，但却是对习惯和健康的最好注解。

1. 我就睡地上

涵涵是一个聪明可爱、自尊心很强、生活在童话世界里的孩子。如果你试图去接近她并了解她，你一定会深深地喜欢上她，但很多时候也会对她束手无策。她就是这样一个不断给你带来惊喜却又让你头疼的孩子。

最想和大家分享的还是涵涵三年来在园午睡的变化。三年来，几乎每一天，我们都在和她"斗智斗勇"，但从没放弃。

小班午睡情况：上床后小嘴巴就说个不停，在床上爬上爬下。基本由老师或阿姨陪着、拍着、抚摸着入睡。

中班午睡情况：半学期的时间在教室玩玩具、看书、玩区角游戏，玩好后到处乱跑。后来，午睡的时候被家长带回家，又因门卫叔叔随意的一句话："中午接回家的宝宝不是乖宝宝"而不愿意回家了。中班下学期，基本在班上午睡，什么身上痒、鼻子不通、要睡上铺、在床上唱歌、自言自语……问题一直不断。

大班午睡情况：爱听好话戴高帽子，哄着很快能入睡。偶尔睡不着时，也在床上翻来翻去。有时会睁着眼睛看老师在办公桌前忙，憋不住了会问老师一些奇怪的问题。在老师的提醒下，能安静入睡。有时入睡较迟，不能准时起床，有赖床现象。

小班午睡事件

午睡时间到了，孩子们都陆续地整理床铺上床，可涵涵依然懒散地半躺在午睡室地板上，老师前去询问："涵涵，你怎么还不脱衣服上床啊？被子上的美羊羊还在等着你呢！"涵涵噘着小嘴不开心地说："我今天不想睡觉嘛！""哦，那涵涵今天中午想干什么？"我问道。"睡地上，嘿嘿！"说着，就把自己床上的被子和枕头拖到了地上。（对于涵涵的这些行为我已见怪不怪了，因为她每过几天就会用一个小花招来"考验"我们）其他孩子见了都哄笑起来，涵涵若无其事地噘着嘴，钻进了被子里。

安顿好其他孩子睡下来后，我来到了涵涵的身边："涵涵，睡地上舒服吗？哎呀，美羊羊可不舒服了，'她'是最爱美的小羊，现在却要跟着小主人睡地上。说不定明天'她'就跑到其他小朋友的床上去了。"涵涵若有所思地听着，有点儿动心了。可我了解她的个性，不会这么快就妥协的。我想到在与家长的聊天中得知，涵涵一直认为自己肚子里有一只小白兔，自己是小白兔的妈妈，而且特别关心肚子里的兔子（这一招后来用了很多次，到中班下学期似乎才明白肚子里其实没有小白兔）。于是我贴着她的肚子听了听，小声说道："哎呀，涵涵肚子里的小兔子可难受了，动个不停的，地上那么硬，还有许多小虫子，它一定非常不舒服，这可怎么办呢？"看我着急的样子，涵涵忽闪着大眼睛突然站了起来。"那好吧，我到床上去睡。那我能不能先看看书再睡呢？""行啊！不过不能影响其他的小朋友哦！"我爽快地答应了，涵涵也笑了。

中班午睡事件

一直睡下铺的涵涵今天中午突然提出来要睡上铺，这可让我们有点儿措手不及。就平时涵涵在床上那样子，哪敢给她睡上铺呢！还有一个原因就是涵涵的动作协调能力一直不是很好，也担心她的上下床问题，多危险啊！于是尝试和涵涵协商，可她振振有词地说："我还从来没睡过上铺呢，下铺好小，被上面的人压着，我不喜欢睡下铺。"看她那样子，协商似乎起不到作用了。"不行，等你长大了老师才会安排你睡上铺。"我强硬地说。"你看我现在已经长大了，我都能爬上去了。"说完，涵涵找了一张空床就往上爬，那种摇摇摆摆的样子还真是叫人担心。好不容易爬了上去，该怎么下来呢？涵涵似乎被难住了，我也趁机打消她这个念头，说了好多危险的后果。接着，我又在她的床头边悄悄喷了点花露水，吸引她上床："香香的床，赶快去睡吧，不然别的小朋友要抢去了。"涵涵上床了，生怕被别的小朋友抢了先。

本以为这事涵涵不会再提，可还没过两天，涵涵又对我说："老师，你看我已经长大了，也长高了，可以睡上铺了。"眼看说教的方式似乎起不到作用了，干脆就应了她的要求吧，说不定她达到了目的，午睡情况会有好转呢。接着，我又给她提了几条午睡的要求，涵涵欣然接受，连连点头。终于睡上铺了，涵涵非常珍惜，即使睡不着也极力克制着自己。可这样的状况没过两天，涵涵就开始背着我们在上铺"大闹天宫"了，做着各种让我们心惊胆战的动作。软说硬磨也只能消停几分钟的时间，强硬地要求她睡下铺，她就会在午睡室放声大哭。于是，那两天我们一安顿好其他孩子躺下后，就开始安抚涵涵入睡。

后来，我找来涵涵的妈妈，和她交流孩子最近的午睡情况。涵涵平常精力就很旺盛，要想中午在园能安心睡觉，早上就得早起，涵涵妈妈一直非常配合老师的工作，这也成了我们对涵涵成长教育的动力和信心。对于睡上下铺的问题，涵涵妈妈告诉我，最近涵涵特别喜欢小鼹鼠，看看能不能以此为契机开导涵涵睡下铺。于是，我找来了涵涵，和她先聊了聊小鼹鼠，果然，涵涵兴致很高。"小鼹鼠是不是生活在地下的?""嗯!""小鼹鼠每天都那么开心，长得胖乎乎的，睡在地下一定很舒服!就像我们午睡室下铺一样，风吹不着，雨淋不着的。涵涵，你愿意睡下铺吗?""那……好吧!"没想到涵涵这么快就答应了! 真让人意外!

上下铺的风波过去了，涵涵也渐渐地懂事了。虽然在午睡时还会出现各种小插曲，但也都被我们一一化解了。因为我们足够地了解她、信任她!

如今，涵涵快毕业了，也懂事了很多，很讨人喜爱。午睡时有了一定的自控力，睡的是上铺，但基本没再让我们担心过。

分析与反思：

涵涵的表现不仅仅是在午睡环节，在教学活动和生活活动中，也会出现各种"小插曲"。孩子出现这些问题，也有其特殊的原因。涵涵在一岁多的时候，就得了一种较少见的"川崎病"，吃了将近一年的中药，家长非常心疼，很多时候就随着孩子的性子娇惯。病刚好，手臂又被开水烫了一大块，家长更加溺爱了。

对于涵涵这样沉浸于童话世界里的孩子，她视所有的动物为朋友，认为大自然的一切都有灵性，我们可以多利用这些来引导她。

可以看出，涵涵是一个比较随性，喜欢新鲜事物的孩子。教师首先要充分地了解孩子的动机，然后再给予理性的判断。当然，还要有足够的耐心。

孩子在园的情况要及时和家长沟通。或许，从家长那里我们还能得到解决问题的灵丹妙药，家园协调一致才能有效地促进孩子的发展。

涵涵在园的三年确实变化很大，作为教师，要相信家长，相信身边所有的孩子，只要我们不放弃，付出的努力肯定会得到回报！

延伸与讨论

涵涵究竟有哪些特点？你在带班时遇到过类似的孩子吗？对这类孩子的这些行为你会采取什么措施？请结合实例与同伴交流分享。

（安徽省合肥市安庆路幼儿园　何丽丽）

$\mathcal{2}$. 不是胖，是结实

龙龙是一个人见人爱的孩子，他受欢迎的原因是因为他很胖，像苹果一样的胖胖的小脸、像莲藕一般的胖胖的胳膊，谁见了都忍不住要亲上一口，夸上一句："这孩子太可爱了！"但是在可爱的背后，龙龙并不快乐，太多的关注让他觉得自卑，因为胖，他的动作总比别的小朋友要慢；因为胖，让他没有好朋友。于是，在那张可爱的、胖嘟嘟的小脸上，我看到了龙龙的焦虑与不安。作为龙龙的老师，我一直在思考如何给予孩子关心与爱护，成为孩子成长道路上的守护神。孩子肥胖有碍他的生长发育，帮助龙龙养成健康的生活习惯，让龙龙健康地成长正是当务之急。于是我和龙龙的爸爸妈妈开始商讨行动计划，努力帮助龙龙重拾信心，控制体重，养成合理的饮食习惯。从此，在龙龙成长的道路上，留下了一个个有趣的小故事。

我要控制体重

一天，班里新添了两把小藤椅，绿油油的藤编小椅子很是可爱，孩子们可喜欢了，都想坐一坐。龙龙也不例外，小屁股一坐下去，嘿，大小正合适。此时，老师在一边提醒小朋友：该上课了。这时意外发生了，只见龙龙一站起来，小藤椅也跟着龙龙的小屁股起来了。"呵呵，老师，小藤椅粘在龙龙的屁股上了！"原来龙龙太胖，小屁股卡在小藤椅上了。小朋友们都哈哈笑了起来，龙龙却脸涨得通红。见此情形我赶忙帮龙龙拿下了小藤椅，对着小朋友说："龙龙是个小超人哦！"听了老师这么说，小朋友们停止了笑声，跟着说了起来："啊！好厉害啊！"自由活动的时候，我来到龙龙身边："龙龙，你知道小藤椅怎么会和你的小屁股交上朋友的吗？"龙龙是个聪明的孩子，他当然知道自己并不是什么小超人，而是自己的小屁股太大了，被椅子卡住了。他带着不解的眼神问："李老

师，为什么别的小朋友不会被卡住，我会被卡住啊！"我轻轻地摸着龙龙的头，打开了龙龙的健康手册，指着体重一栏上的"36kg"，"你看这是几啊？一般的小朋友都是20kg，你有些超重了。"龙龙看了看，难过地说："我不要和小藤椅交朋友。"我搭着龙龙的肩膀说："别担心，李老师来帮你，从现在开始我们一起来控制体重好吗？"龙龙点了点头，从他清澈的眼神中，我看到他坚定的决心。

要让孩子学会正确认识自己的身体，从主观上形成控制体重的愿望是所有干预与引导措施中的关键。在这个事件中，老师抓住了一个契机，很自然地让孩子了解与正视自己的体重状况，并产生了强烈的健康态度，为日后的教育行为打下了基础。

白开水也很好喝

今天老师和小朋友们一起在讨论"多喝白开水身体好！"的话题。只见龙龙站起来说："白开水不好喝，我最喜欢喝甜甜的水！"确实，直到现在，龙龙还是从不喝白开水，为此龙龙的母亲烦恼不已。我笑着问龙龙："你尝过白开水的味道吗？它也有些甜甜的哦！"自由活动中，我鼓励龙龙倒一杯白开水尝一尝，龙龙喝了一口就皱着眉头说："不好喝，我不喜欢。"我连忙用杯子接了一杯也喝了起来，用质疑的表情说："没有啊，李老师觉得很好喝啊，有一点点甜甜的味道。来，李老师给你讲个故事吧。"于是，我端着杯子开始和龙龙讲相关的故事。听完故事，龙龙懂事地点头说："啊！李老师，糖水真的会让我越长越胖啊！我不要做胖子，我要做结实的人。""好呀，多喝白开水，它会让你更健康，还能帮你控制体重哦！""可是，老师，白开水真的很难喝。""李老师这里有一张表格，你每喝一杯白开水就在上面画一颗小星星，如果表格上的星星都满了，你就会发现白开水真的也会甜甜的哦！"渐渐地，龙龙开始尝试喝白开水。那天他拿着满是星星的表格高兴地对我说："李老师，我的星星都满了！好像白开水真有一点点甜的味道！"

白开水和糖水，孩子当然喜欢后者。因此，要让孩子养成健康的生活习惯，多饮白开水，一味地靠说教对孩子来说作用不大。老师利用故事、鼓励、形象的比喻等方法，给孩子一个适应的过程，慢慢地去引导孩子，渐渐地发挥教育的成效。

像爸爸一样学做一个运动员

虽说龙龙看上去身体"强壮"，但是他的性格脾气完全与他的外表相反，他的胆子很小，孩子们在参加体育锻炼的时候，他总是躲在一边，这个不敢，那个害怕。他妈妈常说，龙龙在家的时候就是坐着看电视，从不出去玩。有一次，在主题活动"我爱我家"中，孩子们开始互相交流自己的爸爸。龙龙的爸爸是个运动员，他拿着爸爸的照片自豪地向同伴作介绍。我问龙龙："你喜欢爸爸吗?"龙龙一个劲儿地点头。"那你想和爸爸一样了不起吗?"龙龙还是点头。我接着说："李老师来帮助你，让你和爸爸一样了不起好吗?"龙龙高兴地说："好啊!""那你从现在开始可要勇敢一点哦，爸爸了不起是因为身体灵活，要身体灵活就要多运动。"每当运动中龙龙又想躲在一边时，我就对龙龙眨眨眼睛，"加油!"一旦龙龙参与到运动中，我连忙拍手加以鼓励。龙龙试过后感觉并没有那么可怕，于是进行了第二次尝试，不一会儿就和孩子们一起玩了起来。从那以后，似乎龙龙先天的运动细胞被唤醒了。特别是最近龙龙妈妈反映，龙龙有了改变，竟然主动要求妈妈不要开车送他上幼儿园，要和妈妈一起走到幼儿园。

加强运动是控制孩子体重的好方法，而往往越是肥胖的幼儿，越不爱运动。爸爸是龙龙的偶像，抓住孩子对某一事物的关注与喜爱的契机，加以启发与关注，对孩子而言是一个很大的动力。当然教师的坚持也是很重要的。

又是一次幼儿体检，令人感到可喜的是，在龙龙的努力下，一年来龙龙的体重控制住了。现在的龙龙变得爱运动，饮食习惯也有了很大的改善，他会自信地和别人说："我不胖，我很结实!"

分析与反思:

从上述三个案例中，我总结了几条经验与大家分享:

1. 给予心理的支持，从被动到主动

肥胖儿多有自卑的心理，教师要给予他们心理上的支持，既要引导其他幼儿正确地看待肥胖儿童，更要给予当事幼儿支持与鼓励，渐渐引导其认识自己的身体，了解控制体重的重要性，使幼儿在引导中渐渐从被动控制到主动控制。

2. 配合保健老师，实施科学干预

保健老师对每一名肥胖儿童都有科学的干预方案，作为教师要积极地予以配合，在各项活动中，多关注肥胖儿童，及时发现与引导，与保健老师多沟通，配合保健老师实施干预方案。

3. 与家长密切保持联系，形成家园一致的同步教育

儿童肥胖主要是儿童生活饮食习惯所致。因此，与家长取得密切联系尤为重要。老师首先要取得家长的支持与认同，开展家园一致的干预措施，这样就会取得事半功倍的效果。

4. 利用鼓励、表扬等正面引导的方式，鼓励幼儿大胆参加各项运动

鼓励肥胖儿童参与运动是十分关键与必要的。孩子需要老师的提示与帮助，教师要抓住各种契机引导幼儿大胆地参与，并多加关注，时刻给予鼓励与肯定，增强幼儿运动的自信，让幼儿体验到运动的乐趣，从而主动参与。

延伸与讨论

班里的肥胖儿童是不是越来越多？你觉得对于肥胖儿童的首要干预措施是什么？你是如何在班中引导肥胖幼儿关注健康，控制体重的？

（上海市实验幼儿园　李　蓓）

3. "不会吃饭"的宝宝

嘟嘟是一个很乖巧听话的男孩子，动手能力强，喜欢和别的孩子交流。但是每次一到午餐时间，小家伙就打不起精神来，不是打翻饭菜，就是吃到一半跑去玩玩具了，再不然就偷偷地将饭菜放到别人的碗里。

家里给他的饭菜一般都弄得较碎，以细食为主。嘟嘟的外婆表示，从小时候到现在，所有的菜和肉都是弄碎了再给他吃。这造成嘟嘟的咀嚼能力很弱，碰到小块的肉就无法嚼碎。

嘟嘟是单亲家庭，爸爸从出生就不在身边，妈妈平时也很忙，经常不在家，一直是外公外婆照顾嘟嘟。隔代教育的弊端就是溺爱，每次吃饭时间嘟嘟都是边玩边吃，外公外婆追在后面喂，饭菜冷了就用微波炉热热，继续喂。造成嘟嘟每次吃饭时间很长，喜欢含饭。

午餐时间到了，孩子们在饭桌旁边开始吃起饭来，只有嘟嘟还在旁边走来走去……"嘟嘟，吃饭了，快坐下来！"我提醒他。但是嘟嘟还是又磨蹭了一会儿才坐下来，刚吃了几口，我一个转身，嘟嘟又离开小椅子走到娃娃家开始摸摸这，摸摸那。"嘟嘟，吃饭的时候应该坐在小椅子上！"我又一次提醒，并且将他带回椅子上。但是过了不到5分钟……"老师，嘟嘟又去玩玩具了！"琪琪大声地说道。这样的情况几乎天天发生，虽然比上学期有了一些进步，但是嘟嘟还是会时不时就离开椅子转一圈再回来吃几口。

我及时和嘟嘟妈妈进行了交流，给她讲解了一些关于边吃边玩对宝宝身体的不利影响。妈妈表示她平时很忙，吃饭这些事情都是外公外婆包办，他们也觉得这样的习惯不好，但是没有时间也没有精力去解决。但是妈妈表示回家会和外公外婆好好聊聊，让外公外婆知道这样的习惯对宝宝身体非常不好，一定会做好外公外婆的思想工作，积极配合老师纠正宝宝的坏习惯。我还与保健老师商量，决定先为嘟嘟提供几天较细的食物，慢慢再过渡到与其他幼儿一样的饭菜。

这一天，又轮到吃小肉块。孩子们都在快乐地午餐，我拿着爱心小贴纸正在表扬吃得干净的宝宝，忽然听到伊伊喊道："老师，他把肉肉放到我的碗里！"我回头一看，正好看到嘟嘟用小勺子将自己碟子中的小肉块一块一块地挑到伊伊的碗中。"嘟嘟，为什么你要把小肉块放到伊伊的碗中呢？"我问。嘟嘟也知道自己做得不对，低下头，眼眶都红了："我不喜欢吃小肉块！""可是肉肉有营养，吃了你会快快长大的！"没想到嘟嘟"哇"的一声大哭起来。看到孩子们都被这边的声音吸引过来了，我赶紧将嘟嘟抱到另一个房间中哄他。等小家伙情绪稳定下来后，我又继续问："小肉块不好吃是吗？""好吃的……""那为什么你不喜欢吃呢？""因为……我牙齿痛！"说完，他张开嘴巴，我看到小家伙上下两排门牙上全都塞满了肉丝。刚开始我还是挺奇怪的，小班孩子吃的小肉块其实是切得很小的，完全没必要用前面的门牙来咬断的，怎么会塞满了肉丝呢？通过观察我发现小家伙吃饭的时候基本上不嚼，直接往下咽，吃菜的时候全都是用前面的门牙来咀嚼。

通过和嘟嘟妈妈的仔细沟通，嘟嘟妈妈说嘟嘟从来吃饭都是用吞的，吃菜确实习惯用门牙去咀嚼。外婆觉得嘟嘟还小，而且用吞的方式吃饭比较快，一直也没有纠正他，以为长大了自然就会改过来，所以这个事情一直没放在心上。

了解到嘟嘟的情况后，我觉得还是应该马上纠正嘟嘟这个不良习惯，因为不良的饮食习惯会直接影响到孩子对营养的吸收；而且吞食的习惯会加大胃的负担，时间长了容易造成肠胃疾病；用门牙咀嚼不仅不能磨碎食物，还很容易磨损门牙。于是我采取了以下措施：

首先，和嘟嘟个别交流。利用科学室的牙齿磨具来给宝宝具体地讲解牙齿的功能，也让嘟嘟能直观地看到应该将食物放在哪些牙齿上咀嚼。

其次，由点及面地开展。利用一次生活活动的时间，在班级集体讲解正确的咀嚼习惯，关注其他幼儿的咀嚼情况。

第三，午餐和点心时重点关注。注意嘟嘟的咀嚼习惯，及时、耐心地提醒他用磨牙来咀嚼。看到情况有所改善时及时表扬，给予正面的引导。

最后，经常和嘟嘟家长进行沟通。请家长和老师配合，在家里也关注宝宝咀嚼的问题，多提醒，多表扬，争取让嘟嘟养成正确咀嚼的好习惯。

几周后的午餐时间。"嘟嘟加油，再来一口！要用大牙齿嚼！"这句话在最近每次午餐的时候都要被重复。经过和家长的共同努力，现在嘟嘟已经能够安静地坐着吃完一顿饭。虽然吃饭的速度还是比较慢，虽然吃饭的时候总是需要老师不停地提醒、鼓励，虽然还是常常会将饭含着较长时间，但是比原来的情况好多了。现在已经能在40分钟内吃完一顿午餐，而且也能吃和其他幼儿一样的饭菜了。我们惊喜地看着宝宝每一天的进步和成长。

通过和嘟嘟妈妈多次的沟通，由妈妈进行说服，我们终于取得了爸爸外公外婆的配合，让我们的工作有了事半功倍的效果。为了让嘟嘟能改正吃饭时的一些不良习惯，我们也做了很大的努力。比如每天专门在吃饭之前空出10分钟说说今天的饭菜，让幼儿知道今天饭菜有哪些营养，从而从心理上喜欢上吃饭；也专门请一名幼儿每天坐在嘟嘟旁边吃饭，一旦看到嘟嘟离开椅子，就提醒他马上回来坐好；老师特别关注幼儿的午餐情况，及时鼓励、表扬嘟嘟。通过多种方式多管齐下，嘟嘟的吃饭问题终于有了一些好转。

说实话，刚开学的时候嘟嘟基本上午餐吃不了几口，一口饭要几分钟才能咽下，喂得稍微快一些就会通通吐出来；而且总是边吃边玩，老师一不注意他就跑去玩玩具了。当时想了很多方法，每天轮流由三位老师喂饭，但是效果很不好，冬天的时候常常才吃了几口，饭菜就凉了。后来和家长沟通后，通过家里配合，我们发现嘟嘟渐渐地有了一些进步。这件事情也让我了解到家园配合的重要性，只有当幼儿园、家里都结成统一战线了，孩子才会有根本的改变。另外，我们也针对像嘟嘟这样不喜欢吃饭和吃饭有困难的孩子开展了一系列的活动。比如：我们会利用每天午饭前的一点点时间让孩子们看看、说说今天吃什么，闻闻饭菜的香味，知道每样食物都有自己的营养，都是很好吃的；在生活活动的时候，我们通过一些有趣的儿歌"白米饭，香喷喷"、生动的故事"漏嘴巴的大公鸡"、好听的歌曲"我会自己吃"、好看的巧虎动画片"吃饭时候我不玩"等让孩子们渐渐喜欢上吃饭；在孩子们吃饭的时候我们还通过奖励的方式，鼓励孩子们嚼得细，吃得开心，慢慢养成良好的吃饭习惯。

延伸与讨论

1. 大家可能也碰到过这种被过分宠爱的孩子，在家无论什么事情都是大人代劳，就连吃饭也一直都是喂着吃。对于这样饭来张口、衣来伸手的孩子，如何才能调动他们自我服务的积极性呢？

2. 对于那些极其宠爱孙辈，舍不得孩子自己动手的爷爷奶奶、外公外婆们，你是如何获得他们的配合的？

3. 碰到过这么多形形色色"不会吃饭"的孩子，你印象最深刻的案例是什么？最后这个问题又是如何解决的呢？

（上海市浦东新区张江经典幼儿园　曹朱怡）

4. 为什么要吃蔬菜

　　佳佳是个漂亮的小班女孩，喜欢弹钢琴，特别爱唱歌，尤其喜欢模仿老师。她妈妈告诉我们，佳佳的生日愿望就是当一名音乐老师。就是这样一个可爱的孩子，却不爱吃蔬菜，每次吃饭都要让老师将蔬菜挑出来。这可急坏了她的家人，每当季节交替，佳佳流鼻血的次数就比同龄的孩子多。

老师，为什么要吃蔬菜？

　　我问："小朋友们，你们知道吃蔬菜的好处吗？"

　　铖铖第一个举手说："姚老师，蔬菜含有丰富的维生素和矿物质，是人类不可缺少的食物种类！"

　　轩轩说："姚老师，我妈妈说多吃蔬菜会变白哦！"

　　佳佳说："对的对的，我妈妈说小白兔很白，就是因为吃胡萝卜。我也要变白，所以要多吃胡萝卜！"

　　此时我及时介入了谈话："但是姚老师常常看到佳佳不爱吃蔬菜哦！"这是怎么回事呢？宝宝们都看着佳佳，佳佳说："我也不知道，可是就是不喜欢吃！"

　　为此，我们对孩子爱吃与不爱吃蔬菜的理由做了一个简单的调查。经过收集、分析我发现：幼儿大都知道蔬菜是有营养的，但是在80%不爱吃蔬菜的幼儿中，有20%是不喜欢某种蔬菜的特殊味道；50%是由于蔬菜中含有较多的粗纤维，比较难咀嚼；还有10%是受到家中大人的饮食习惯的影响。

　　基于此，我们开始思考能够让幼儿喜欢吃蔬菜的方式和途径，既然很多佳佳这样的宝宝不喜欢蔬菜的特殊味道，那么能不能从蔬菜的香味、颜色方面引导幼儿吃蔬菜呢？我们开始和后勤的师傅们讨论起了解决的办法，大家决定从配菜的颜色、蔬菜的大小和香味、老师的情绪引导上入手。

色香味俱佳，宝宝为什么不喜欢吃？

午餐时间到了，后勤的师傅们动脑筋把三种不同颜色的粗纤维蔬菜——胡萝卜、芹菜、腐竹切成小丁放在一起，炒出了一道色香味俱全的菜，看着红色的胡萝卜丁、绿色的芹菜丁、黄色的腐竹丁，我想幼儿一定喜欢吃。于是，我高兴地对幼儿说："今天的菜真好看，而且好香啊！"我特地将菜给佳佳闻了闻，佳佳认同地点了点头。原本想着这回总能吃蔬菜了吧！可是吃饭时佳佳的表现却令我大失所望，进餐时间已过去一半了，佳佳盘子里的菜几乎还有一大半，只见她用勺子挑了一个最小的芹菜，见我看着她便闭上眼睛狠狠地嚼了起来，一脸的痛苦。趁我转身时，佳佳还把自己碗里的菜用筷子夹到旁边幼儿的碗里。

看来，这道菜并不像我想象的那样受佳佳的欢迎。显然，颜色和香味的诱惑对佳佳失去了作用。眼看着后勤师傅们辛辛苦苦烧出来的菜就要浪费了，怎么才能让幼儿们把菜全吃完呢？哦，有了！

老师，"咯吱吱"真好吃！

我神秘地说："小朋友们，这道菜有一个特别好听的名字，你们知道叫什么吗？"幼儿抬起头看了看我，摇摇头说："不知道。""那我告诉你们，叫'咯吱吱'。"听到这个菜名，幼儿均感到很好奇，又似乎觉得很好玩。我接着告诉他们："这个菜名是根据你们的小嘴发出声音而得来的，不信你们吃一口菜嚼一嚼，听一听是不是这个声音。"幼儿赶快吃了一口菜，慢慢地嚼了起来。我看着佳佳半信半疑的表情，替她舀了勺菜，说："我们先请佳佳尝尝看，会唱歌的菜哦！"幼儿看着佳佳吃菜的表情，好像真的听到了"咯吱吱"的声音。果然，有幼儿大声嚷着："是有'咯吱吱'的声音！"于是，幼儿吃菜的积极性明显高涨起来，都想亲自体验一下这"咯吱吱"的声音……进餐结束了，佳佳也把盘子里的菜吃干净了。看来，让佳佳吃蔬菜得选择适合的方式呢！小班孩子会关注声音的变化，因此这样一首"咯吱吱"的蔬菜歌让佳佳"胃口大开"！

从此，佳佳开始慢慢地吃起了蔬菜，虽然遇到不爱吃的仍然会皱皱眉，撇撇嘴，但是佳佳开始尝试吃就是一种进步。渐渐地佳佳开始能够做到荤素搭配，虽然偶尔还是会流鼻血，但是已经比原先的情况有所好转。

分析与反思：

1. 调整食品的烹饪方式

对于那些不爱吃蔬菜的孩子，不妨经常给他们吃些带馅食品。有的孩子不喜欢吃炒菜、炖菜等煮熟的蔬菜，而喜欢吃一些生的蔬菜，如西红柿、水萝卜、黄瓜等，它们有的可以生吃，有的可以做成凉拌菜吃。一些有辣味、苦味的蔬菜，不必强求孩子去吃。一些味道有点怪的蔬菜，如茴香、胡萝卜、韭菜等，可以尽量变些花样，比如做带馅食品时加入一些，让孩子慢慢适应。

2. 家园共育，互相配合

我们要和孩子的家长多沟通，了解幼儿在家是否出现类似的现象，有的孩子因为某些原因不爱吃蔬菜，也许是因为家里没吃过，也许是遗传了家人的某种生活习惯，或许和孩子的体质也有关。如果仅靠幼儿园的引导显然是不够的，作为教师也应该通过科学的方式向家长宣传正确的育儿方式。例如，如果有些蔬菜不吃，可以找寻营养成分大致相同的蔬菜代替。有些家长为了让幼儿吃下蔬菜，采取了比较极端的方式，这样反而适得其反。

3. 巧妙引导，适当转化

培养幼儿的饮食习惯和态度，教师不能只一味地说教，关键是要利用日常生活中与幼儿密切相关的情景。同时，要通过多种途径开展丰富多彩的活动，引导幼儿认识食物的种类与营养成分，提高幼儿选择健康食物的能力，促使其形成健康饮食的新观念。

延伸与讨论

你班里有不爱吃蔬菜的孩子吗？你是怎样来帮助他们的呢？哪些事例是对你最有感触的？请与同伴交流分享。

（上海市实验幼儿园 姚 丽）

5. 不再尿频的孩子

中班开学的第一天，一位年轻妈妈领着一位活泼可爱的小男孩来到我的面前，并对小男孩说："辰辰问老师好。""老师早上好。"小男孩挣开妈妈的手，向我深深地鞠了一躬。"辰辰真好，第一天就高高兴兴上幼儿园，真棒!"我翘起拇指表扬着他，并俯身给了他一个拥抱。这时他妈妈对我说："老师，辰辰在小班的时候，已经有两个多月没来幼儿园了。""怎么了?"我问。"不知怎么回事，他自从搬了新家以后尿尿太多，甚至不到五分钟就尿一次，可他玩喜欢的游戏'植物大战僵尸'或者'愤怒的小鸟'的时候，尿频似乎就不会那么严重了，睡觉以后也很正常，基本不会尿床，甚至可以一觉睡到天亮。我只好带他去看泌尿科医生，当检查完孩子的腰背、脊椎、生殖器官以及验完尿液、照完 X 光之后，医生说孩子一切正常，但可能是患了神经性尿频症。要是上课，或者是中午午休的时候，他要尿尿让他去吧，都有心理压力了，一路上直叨念这事儿……""妈妈，我要尿尿。"他妈妈话音未落，辰辰立马双手捂着小肚子说。我一愣，感觉他妈妈的话好像暗示了什么，但赶忙回过神儿来说："好的，我带你去。"辰辰解出了成流的小便，但是不多，解完小便我领着他出来对他妈妈说："孩子交给我们，您放心吧。"我打包票地说。

一、室内集体教学镜头

"复习 4 以内的数"，第一步听觉计数：老师的阵阵铃鼓声吸引了孩子们的眼球，孩子们边听边数，并说出老师最后敲了几下。刚进行第二步视觉计数，就听到一个响亮的声音："老师我去小便。""好的，快去快回。"他就急匆匆地去了卫生间。第三步观察寻找，孩子们从自己身上或从周围环境中找出 4 以内的物体，刚进行一半，那个稚嫩的声音又出现了，依然双手捂着小腹好像非常急的样子。我像个密探尾随跟踪，只见他象征性地解开裤口，在马桶旁一站，只有几滴尿液。活动结束前又去了一次，这次更是连简单象征性的动作都没有，直接走到厕所窗子边欣赏风景，一会儿又拿出纸板，自己在卫生间里拍打。

二、在幼儿园的表现

他热衷于参加户外的集体游戏，喜欢奔跑、蹦跳、玩球等，比较喜欢与老师、小朋友交谈。不喜欢室内的集体教学，表现为：全身不自在的样子，一会儿挠头，一会儿把手伸进衣服抓痒，一会儿又摸索自己的纽扣儿，一会儿又要小便，等等。

三、家庭背景

辰辰父母都是中学教师，工作非常忙，晚上还要晚自习辅导，基本没时间带他。辰辰8个月大就由爷爷奶奶照顾，从会走路到现在4岁多，在家吃饭很少坐在座位上，都是他跑到哪儿，爷爷奶奶就跟到哪儿给他喂饭。由于原来居住平房，有家庭小院，基本上活动都是在院子里，或者到公共场所活动、游戏，即使下雨天在室内也是玩一些"动作游戏"或者玩电脑游戏，否则就哭闹。两个月前，辰辰搬到了一个新的居住小区五层的楼房。他们家搬到新的小区后就转到了我们的幼儿园。

四、问题分析

神经性尿频是因小儿的大脑皮质发育尚未完善，对初级排尿中枢的抑制功能较弱而引起的。辰辰可能是搬了新家，楼房限制了活动，加之来到新的幼儿园，老师小朋友又不熟悉，精神比较紧张，就容易引起神经功能失调。

五、教育引导

（一）心理引导

1. 转移注意力，消除紧张心理

平时在班里多组织一些轻松愉快的游戏，转移分散他的注意力，消除他的紧张心理。如户外体育活动"丹顶鹤"，我说："辰辰，今天你当小老师，带领小朋友一起做游戏好吗？"他高兴地说："我就愿意当小老师。"他当排头带领小朋友们雄赳赳、气昂昂地向活动场地走去，一边走一边高呼："挺起胸、抬起头、甩起胳膊大步走!""辰辰真棒，是一个标准的小老师。"我说。他听到我的话，更带劲了，带领小朋友做游戏。"丹顶鹤，腿儿长，扇扇翅膀把头扬，一跳一跳把歌唱。"他一边唱儿歌，一边带领小朋友们做动作，还不时提醒动作不规范的小同伴，从活动室出发到游戏结束又回到活动室，30多分钟的时间都没有提出要上厕所。

2. 消除不良心理因素，养成良好习惯

我把辰辰在幼儿园的情况向他妈妈一一做了介绍，并和他妈妈一起分析了辰辰尿频的原因：由于孩子心理、生理发育尚未成熟，其控制力和表达能力还比较差，容易受外界环境、暗示性语言等影响，所以只要受到轻微刺激，如听到妈妈说"尿频"，或者两个多月没上幼儿园不习惯集体教学或对室内教学活动不感兴趣等都会令他产生尿意。建议父母在家多陪陪孩子，多讲一些他喜欢听的故事，引导他画一些他感兴趣的画等，逐渐培养他该静的时候能"坐住"的习惯。告诉孩子，他是健康的，尿频症状会改善，消除孩子的不安心理。对孩子要耐心呵护，不要训斥打骂。

（二）行为引导

在小儿科大夫的建议下，在不影响孩子身体健康，孩子本身又愿意的情况下，和家长达成共识，决定在幼儿园、在家对他进行"憋尿训练"。

"憋尿训练"就是要用"憋尿"来控制尿意，以增加膀胱储尿量，但要以不超过膀胱容量400毫升为原则。我们班级、他家都为他准备了两个"油箱"（200毫升、400毫升），家园一起通过"油箱"观察辰辰每次排尿多少、尿液排出时的速度，来判定他憋尿到何种程度。

我知道孩子们都非常喜欢"车"，就引导他们说出自己家里是什么车，在大街上看到过什么车，它们都是烧什么的，孩子们都踊跃举手回答。"刚才小朋友说了，这些车有的烧燃油，有的烧燃气，这样既污染环境，又浪费能源"，我说，"今天大家制作一部节能汽车，让其他的液体或气体代替燃油和燃气好吗?"大家异口同声地说好。孩子们利用从家里带来的各类包装盒，通过互相探讨，总结汽车的特点，制作出了各式各样的汽车。"谁能说说自己制作的车是燃烧什么的?""我的车是燃烧工厂废气的。"小雨说。"我的车是燃烧动物尿液的。"辰辰大声回答。我说："好，你们制作的车都非常节能环保，并且还变废为宝。辰辰，我奖励给你一个油箱好吗？""好的。"他高兴地说。紧接着我就把一个事先准备好的200毫升的塑料方盒送给了他。"以后你要天天给它'加油'，有个条件，每次加油一定加满可以吗？""嗯。"他点点头。活动结束后，辰辰愉快地走进卫生间里专门为他开辟的"停车场"，果然给油箱加了满满一箱"油"。

周五下午户外活动结束后回到活动室，孩子们都陆陆续续地上厕所了，只有辰辰回到了自己的座位。"辰辰该给汽车加油了。""一会儿再加吧，我要给车加得满满的。"我向他伸出大拇指微笑着点点头。过了一会儿他洗完手，喝了水后就去给汽车加"油"了，这次不但给油箱加满了还外溢了不少。"辰辰真棒，明天我送给你一个大油箱好吗？"他抬头看到了我的微笑，却不好意思地点了点头。在给他偷偷耗"油"的时候，虽然不小心洒了一脚，可是看到他的进步，我心里头甜丝丝的。我也和他的家长达成了共识，不管在家还是在幼儿园，辰辰每每给"汽车"加满一次"油"，就会有一朵"小红花"奖励。经过两周的训练，辰辰的症状有了明显的改善。我相信有爱心、耐心的呵护，辰辰的神经性尿频很快就会得到治愈的。

延伸与讨论

你班里有过神经性尿频的孩子吗？有因为紧张或焦虑而产生的一些行为问题吗？你是怎样与家长达成共识并帮助孩子纠正的呢？请与同伴交流分享。

（山东省滨州市实验幼儿园　邢延芝）

6. 我不要穿尿布

今天是小班第二学期开学第一天。

早晨，欣欣的妈妈带着被子和一大包东西走进了教室。"这是?"我上前询问。

欣欣的妈妈打开了大包："周老师，我们欣欣会尿床，中午睡觉你们帮她穿上吧!"

当天中午以及之后的两天，我们都在午睡前为欣欣穿上了尿片，但都没有尿湿。

周四，在欣欣睡觉前，我走到了她的床边："欣欣，今天开始我们试试不穿尿片好吗?"

欣欣很快地钻进了被子里，一会儿就呼呼睡着了。1点左右，我将欣欣抱了起来，"欣欣，起来上个厕所再睡。"欣欣上完厕所后又倒头大睡，直到起床都没有尿湿。

周五，刚进卧室，欣欣便对我说："老师，我不要穿尿布。"

"好的，昨天我们就约定好了，今天欣欣也不用穿尿布。"

可是，入睡1小时后，当我叫她起床上厕所的时候，她的被子已经湿了一大片。我赶紧帮她换上了干净的衣裤，并让她先和其他小朋友一起睡。

等欣欣起床后，我把欣欣叫到了身边，问道："欣欣，今天怎么尿床了呀?"

"我睡得太熟了，我也不知道……"

"欣欣，那晚上在家睡觉，妈妈为你穿尿布吗?"欣欣点了点头。"那欣欣喜欢不喜欢穿着尿布睡觉呀?"

"不喜欢，不喜欢，尿布是弟弟妹妹穿的，我现在是大姐姐了。"

"那这样吧，明天再试试不穿尿布睡觉。不过你可要答应周老师，以后要是睡觉的时候想小便了，一定要和老师说。"欣欣听罢，点头答应了我。

下午吃完点心，浩浩来到我的身边，"老师，爸爸说我会自己穿衣服了，变厉害了。"优优也跑了过来，"我现在画画可好了，我也很厉害。"……优优和浩浩的话题吸引了不少幼儿的注意，孩子们纷纷聚集到我的身旁，与我分享起了自己能干的本领。唯独欣欣一个人坐在小椅子上，一声不吭。好朋友佳怡见状，就走了过去，"欣欣，你有什么厉害的本领，快来和老师说说。"欣欣没有吱声，反而低下了头。

当天放学的时候，我又一次与欣欣的妈妈进行了沟通。在沟通中，我询问了欣欣在家的情况，将欣欣自己的想法转达给了欣欣的妈妈，也与欣欣妈妈交流了培养幼儿"需求表达"的重要性。同时，我建议欣欣妈妈在双休日午睡时，可以先试试不给欣欣穿尿布，观察欣欣是否会便溺在身，是否会主动向成人表达需求。

两周过去了，一天，欣欣蹦蹦跳跳地走进了教室："老师，妈妈说今天我不用穿尿布睡觉。"

"嗯，欣欣，我相信你一定行的。"我说道，"不过你可要记得，如果要上厕所了，要……"

"要和老师说！"欣欣立马说道。

中午，欣欣睡下一小时后，我轻轻地拍醒了欣欣，"欣欣起来先上个厕所再睡吧！"

欣欣迷迷糊糊地穿上了小拖鞋。

"欣欣，你是不是忘记要对老师说什么了？"我问道。

她揉了揉眼睛，说："老师，我要上厕所了。"

"今天你真棒，会自己和老师说要小便了，快去吧！"

虽然这次欣欣还是由老师叫醒如厕的，可不同于以往，欣欣渐渐地开始会用语言来向成人表达自己的需求了。因此，午休过后，我又一次表扬了她。

下午，我和孩子们在操场上做起了运动游戏。中场休息的时候，一个甜美的声音传入了我的耳朵："老师，我来当大灰狼吧。"咦，这不是欣欣吗？一向不太作声的她竟然主动表明了心意，让我感到非常意外。"嗯，好呀，那今天就让我们最棒的欣欣来当大灰狼吧！"整个活动中，欣欣一直洋溢着笑容，时不时地还传出了朗朗的笑声。

放学后，当欣欣妈妈来接欣欣的时候，欣欣跑了过去："妈妈，今天周老师表扬我了，说我会自己和老师说'我要上厕所了'，不会尿床了。"欣欣妈妈竖起了大拇指，还给了欣欣一个大大的拥抱。

之后的三个月，我通过提醒——等待——放手、鼓励、肯定等方式，帮助欣欣学着用语言表达自己的需求。现在，欣欣在午睡期间已经能自己起床如厕，并主动用语言向成人表达自己的意愿，进步可谓是突飞猛进。如今，每天中午，她睡得更安稳了，人也变得自信了起来，欣欣妈妈也表示很欣喜。

分析与反思：

1. 师幼交流，培养幼儿需求表达的能力

孩子尿床后一般会比较紧张。尤其是女孩子，她们较害羞。因此，在欣欣尿床后，我及时安抚了她的情绪，并为她换上干净的衣裤。不过这样始终还是"治标不治本"。所以，在为欣欣换衣裤的时候，我有意地告诉欣欣，发生这样的事情该如何向老师寻求帮助，希望帮助欣欣培养"需求表达"的能力。

对孩子来说，一个行为的养成大概需要三周的时间。但是这三周我没有采用一样的方式，而是通过提醒——等待——放手的方式，一步步地让欣欣自己去学会表达如厕的需求。下一步，我将会鼓励欣欣在各方面都尝试用语言表达，这样才更有利于幼儿的健康发展。

• 每天午睡前，轻轻地提醒该类幼儿先小便再入睡，并安排其睡在离厕所最近的地方。告知他"午睡时如果要小便可以主动和老师说'我要小便'"。

• 在午睡中，做到多次巡视，多方观察，多多询问。

多关注此类幼儿，若发现他在午睡时，有扭动身体、发出哼哼的声响，要赶紧上前询问是否要小便，若有需要立即让他如厕。鼓励他用语言表达，"老师，我要上厕所。"

对于如厕时间较短的孩子，仔细观察，掌握规律，让该幼儿在午睡期间多起床如厕一次。

• 当幼儿出现便溺的现象，老师不应责怪幼儿，而应及时为其更换衣裤，清洁身体。并提醒该幼儿，若发生这样的情况，可以和老师说"老师，我的裤子湿了"。

● 在日常生活中注意鼓励幼儿大胆用语言表达自己的需求。当天若幼儿能以语言表达如厕需求或自觉起床如厕，及时给予肯定，使幼儿树立自信心。

● 在阴雨天、秋冬季节，幼儿易发生"尿床"的现象，对于较易尿床的孩子，老师需多加关注。

2. 家园互动，帮助幼儿建立起健康的生活习惯

在起初与欣欣妈妈交谈时，欣欣妈妈曾表示"欣欣的体质较弱，每逢换季都会生病，天冷尿湿了宝宝会生病的，还是穿着尿片好"。妈妈的顾忌并没有错，但是她却忽视了幼儿排尿习惯以及需求表达上的训练。因此，作为老师，我将欣欣在园的情况以及与欣欣交谈时她的想法告知了家长；也从自己的专业出发，给欣欣妈妈提了一些育儿方法上的建议，希望引起欣欣妈妈的重视，通过家园合作，让欣欣学会表达自己的需求。

● 与家长沟通，了解孩子在家情况，并从幼儿"需求表达"的重要性，培养幼儿"需求表达"的方法等方面入手对家长进行指导。

● 将幼儿在幼儿园中点滴的进步告知家长，建议家长在家中也试着让宝宝不用尿布入睡，同时将幼儿的表现记录下来（每天在日程表上把尿床的原因、次数，是否会主动表达如厕的需求记录下来，每周总结一次），当孩子有进步时应给予鼓励。

延伸与讨论

在你的工作经历中，遇到过多少尿床的孩子？一般是在什么年龄段？你是否分析过这些孩子尿床的原因呢？你又是怎样帮助他的？效果又如何呢？请和你的同人分享并分析。

（上海市实验幼儿园　周　斐）

7. 喜欢新幼儿园了

快乐的第一天

一头乌黑亮丽的头发、可爱俏皮的马尾辫、清秀的脸庞、忧郁的眼神，这就是小昕昕——这个学期刚从其他幼儿园转入我班的可爱小女孩。开学第一天，当昕昕在妈妈的陪伴下来到教室时，很奇怪，昕昕一点儿也没有感觉到陌生，没等老师开口和她打招呼，她就非常主动地叫了一声"老师好"，声音清脆、悦耳，真好听！看着孩子那么快就融入了新班级，昕昕的妈妈也非常高兴，她笑着说："昨天晚上我们一家人还担心，孩子愿不愿意到幼儿园来？孩子能不能和班级的小朋友相处好？看来我们的担心都是多余的。"我被这个乖巧的小女孩吸引了，心里暗暗高兴：真好！孩子一点也没有不适应。

昕昕快乐地度过了在新幼儿园的第一天，吃饭、睡觉、游戏、运动、学习，每一件事都做得非常棒。虽然年龄小，但是她的生活自理能力非常强，吃饭好、睡觉好，上课时小手也一直举得高高的，回答问题声音响亮。真希望接下来的每一天她都能快快乐乐的。

可是，事情并没有像预想的那样……

我不要上幼儿园了

昕昕快快乐乐的情绪持续了一个星期，这是第二个星期的周一，和往常一样，我早早地来到教室门口迎接小朋友。平时昕昕都是第一个到幼儿园的，可是时间已经过了很久了，许多小朋友陆续来园，为什么还不见昕昕的踪影？正当我纳闷的时候，只见昕昕的妈妈愁眉苦脸地跑过来，气喘吁吁地说："张老师，不好了，我们家昕昕在楼下哭，不肯上来，怎么办啊！您快去看看吧！"我急匆匆地和昕昕妈妈来到楼下，只见昕昕站在墙角一动不动，哭得像个泪人似的。我赶紧蹲下来，摸着她的头，心疼地问道："昕昕，怎么了？什么事情这么伤心啊？"昕昕没有回答我。我又说道："昕昕最棒了，快和张老师一起上去吧，小朋友们还在教室里等着你呢！"不知怎么回事，她"哇"地哭了起来，"我不要上幼儿园，我要回家！"说完就回头抱着妈妈不肯放。职业的敏感告诉我这是孩子到了一个新环境的不适应，只不过昕昕的不适应滞后了一星期。我一边安慰昕昕妈妈不要着急，这是正常的现象，一边从妈妈的怀里接过她，小心地抚摸着她，渐渐地昕昕止住了哭声。

送走了昕昕妈妈后，我拉着昕昕的手回到了教室，和她聊了起来："平时我们昕昕早上来幼儿园时就像只快乐的小鸟，张老师就喜欢看到你，可是今天早上你为什么哭了？""我想妈妈！""妈妈每天都会第一个来接昕昕的啊！""我要妈妈陪我，因为我在幼儿园没有好朋友！"原因找到了。"原来是这么一回事啊，没关系的，我们班级每个小朋友都很喜欢你的，每个小朋友都想和你成为好朋友！"说完，就把班级里比较热情的佳佳小朋友喊了过来。佳佳是个交往能力非常强的孩子，只见她对昕昕说："昕昕，我今天带了个芭比娃娃，我借给你玩吧！"还拿着餐巾纸给她擦了擦眼泪，拉着她的手安慰她不要哭。班级里的其他孩子也纷纷走过来安慰昕昕，"昕昕，你不要哭，我们都做你的好朋友吧！"在孩子们真诚的呼唤中，昕昕止住了哭声，接过了自己最心爱的芭比娃娃，和佳佳她们一起去玩了。

看着孩子们一蹦一跳渐渐走远的背影，我不禁感叹：原来孩子幼小的心灵也是那么需要同伴的认可。作为老师，除了要关心孩子的生活、游戏之外，更要走进孩子的心灵，了解孩子的所思、所想。

这天晚上，我通过电话将幼儿园里发生的事情告诉了昕昕的妈妈，她非常高兴，女儿在新的幼儿园已经找到了好朋友，已经能和其他小朋友一起玩了，她感到非常的满意。为了能更好地了解孩子的想法，我决定每天抽出5分钟时间和昕昕谈心，了解孩子心里的想法，坚持每天和昕昕妈妈交流孩子的情况，共同促使孩子快乐健康成长。

快乐的圣诞节

随着时间的推移，昕昕已经渐渐适应了新幼儿园的生活，也已经有了自己的好朋友，常常看见她红扑扑的小脸蛋上洋溢着灿烂的笑容，我心里真是比吃了蜜还甜。

马上要过圣诞节了，每个孩子的脸上都洋溢着快乐的笑容，昕昕也不例外。这几天，孩子们陆陆续续地将圣诞小礼物带到幼儿园来布置教室。这天早上，昕昕早早地来到了幼儿园，手里拎着一大包的东西，我觉得很纳闷，就问："昕昕，你手里拿的是什么啊？"昕昕高兴地说："是圣诞节的礼物，我昨天和妈妈一起去买的，我要用这些东西把我们教室打扮得漂漂亮亮的。"说完就把一大包的小礼物打开来。教室里的孩子一听是圣诞礼物，纷纷围了上来："哇，这么多的礼物啊！""昕昕，你的圣诞礼物真好看！""我们教室肯定会变得很漂亮的！"看着昕昕和孩子们争先恐后地把礼物挂起来、小心翼翼地拨弄着礼物的样子，我心里不禁高兴：看来昕昕真的已经适应这里的生活了，她已经开始喜欢上我们这个新集体了，真为她感到高兴啊！这天，昕昕得到了每位小朋友的感谢，她高兴极了，一天表现得都非常好。确实，对孩子来说，能为幼儿园出一份力是孩子自豪的一件事。

这天离园的时候，我和昕昕妈妈交谈了很长时间，把近阶段昕昕在幼儿园里的表现都告诉了她。我们惊奇地发现，在不知不觉中昕昕已经喜欢上了新集体，也已经非常喜欢老师和小朋友了。我们都为孩子在幼儿园里取得的进步感到欣慰，也为昕昕适应新的集体生活感到欣慰。

分析与反思：

一学期中，昕昕经历了超乎常态的适应——产生情绪——渐渐适应——最终喜欢新班级的过程。昕昕可爱、敏感、善良的品质使我对她的一举一动更加关注了。昕昕取得了不小的进步，与小朋友之间的关系也发生了很大的变化，找到了很多的好朋友，我发自内心地替她高兴。

良好的幼儿园教育是建立在良好的家庭教育基础之上的。因此，家园沟通是非常重要的，而且，家园沟通应该是双向的，不应只是幼儿园单方面向家长提出工作要求或汇报幼儿在园的表现，也不是家长单方面地对教师和幼儿园提出要求。幼儿园教师和家长应经常就幼儿在园、在家的情况相互进行交流，共同研究配合教育的方法，相互反馈教育效果，只有这样才能取得共识，达到同步教育，促进幼儿发展的目的。

此外，教师还要关注班级中新插班的孩子，给予他们无微不至的关怀，悉心观察他们的表现，了解他们内心的想法，帮助他们尽快适应新环境，真正地走进孩子的心灵，使孩子心悦诚服地喜欢上新老师。在此过程中，教师要成为一名耐心的聆听者、观察者，成为孩子们所喜欢的好老师！

延伸与讨论

　　你的班级里有插班生吗？你是否也碰到过类似的情况？插班生刚来园时有情绪问题，你是如何解决、如何帮助孩子度过适应期的？和你的同事一起回忆一下印象深刻的例子。

（上海市浦东新区张江经典幼儿园　张肖芹）

8. 谁在焦虑

鑫，在入园的孩子当中，显得有些特别。他是由爸爸陪同的。进入教室后，他选择坐在了第一排桌子的最后一张椅子上。他时而看着其他孩子搭建积木，时而看看坐在一旁的爸爸。

随着教室里陪同的父母越来越少，爸爸有些焦躁。而鑫也越来越焦躁，开始不断地看向爸爸。最后，他直接眼泪汪汪地看着爸爸，害怕爸爸的离开。可是爸爸因为工作不得不离开，因此每天送他进园就成了爸爸头疼的问题。

鑫的爸爸在医院工作，是请假在园陪同。看得出来，坐在孩子旁边的他本身就很焦虑。当孩子泪眼汪汪看着他的时候，他还是忍不住有所训斥和吓唬。他自身的情绪状态又很快传递给孩子。鑫，越加焦虑了！

分析：

第一次进入陌生环境，与养育人有信任、安全关系的孩子不会鲁莽、冲动地进入，也不会强烈的戒备和排斥，而是会静静地观望和了解。对于鑫来说，和父母之间的信任和安全度不够，需要在课程引领下稳固。

从鑫自身对位置方位的固执看，他比其他孩子更敏感和细腻，所以他对安全和信任的需求更多。从他在桌面拼插的活动状态看来，他自身的动手能力和独立自主能力也相对较弱，这也造成了他适应新环境的能力相对弱一些。

措施：

1. 家园

首先最重要的就是引领父母给予孩子安全和信任。而父母要有能力和孩子建立安全和信任的关系，首先要调整的是自己的焦虑状态。为了协助家长调整心态，我们耐心倾听来自父亲的倾诉："请假不容易，妈妈在私立医院请不到假！而自己老请假也很不好意思……"我们说："其实，把这些真实情况坦诚地讲给孩子听，孩子带着对父母的理解去承受入园时的这种不适应，心情就会不同。他可能一边会哭，但一边也会滋生安慰情绪——爸爸妈妈不是不爱我，而是他们没办法，需要工作。那么孩子就会慢慢从克制的情绪中感受到自身的力量，孩子就会由此产生一种自信和成就感。"鑫的爸爸说："说过啊，没用！""不是着急地说，而是以请求理解的语气一遍又一遍地说，孩子需要不断得到大人的爱的确定。"

刚入园孩子生命节奏的特点就是重复，而往往成人忍受不了的就是这种重复。不管是父母还是老师。

2. 教师

对于孩子来说，老师其实就是陌生人，而起连接作用的就是父母。因此父母和老师需要以最快的速度互相了解，并保持接纳的状态。在父母陪同的时候，父母、孩子和老师同时参与游戏，渐次产生亲密感。在鑫的爸爸陪同的时候，老师会走向鑫，看他的状态。老师会慢慢缩短这个距离，逐渐让他适应更短的距离。直到爸爸不得不离开时，他已经能够拉着老师的手回到那个固定在第一排最后的位置。对于敏感的鑫来说，我们没有轻易给他换位置，而是一直保留了这个位置。

刚刚入园的孩子往往会在教室里固守一个位置，它是孩子在一个陌生环境里安全的港湾。孩子们往往会在这个安全的港湾里去观察老师和这个陌生环境对他的接纳度。这样的孩子往往对环境中的细微变化很敏锐，比如位置的更换，而这种敏感和敏锐也时常会体现在孩子的学习和探索中。

鑫就是这样的孩子。所以老师不轻易地走近他，而让他有机会在远处去观察。我们也是在每个孩子神态许可的状态下慢慢地走近孩子、接触孩子，让他感觉到老师对每个孩子的接纳状态。

鑫仍然难有让爸爸主动离开的意思，他的爸爸不得不忍心离开。第一次离开爸爸的鑫，边哭边诉着。我拉着他的手去卧室看《鼹鼠的故事》，以动画转移他的注意力。不过最终他还是需要回到教室里的位置上，因为我还有其他更多的孩子。回到教室的鑫开始不停地问："我爸爸什么时候来接啊？"我一遍又一遍地回答，内心提醒自己一定要保持平和的语气。他表示还要去里面看动画片，我温和地坚持："不行，我还要照顾其他小朋友啊！"我瞅准机会和他聊天，就聊他的爸爸，他立即有了兴趣。咦！看来他爸爸的工作是他感兴趣的，我一问，他一答，情绪缓和多了。

鑫逐渐好奇起老师和小朋友的互动游戏"找一个朋友碰一碰"，也渐渐投入到老师的故事讲述中。

3. 课程

在我们的入园课程中，专门设计了有缓解、疏导及引领孩子心理的故事讲述活动。孩子们往往在老师的讲述中，不知不觉地以故事中的角色自居，产生共鸣，在共鸣中达到心理疏导作用。比如《猫头鹰宝宝》帮助孩子们疏导妈妈离开时的害怕和焦虑，最终猫头鹰妈妈的回来，让孩子们确定妈妈对孩子的爱，让孩子相信妈妈是会回来的；《猜猜我有多爱你》中孩子就是入园时对妈妈的爱有所怀疑的小兔子，但最终相信了妈妈的爱比自己的爱多；《忘了说我爱你》《我永远爱你》中老师的讲述，让妈妈和老师这两个角色自然形成了角色转移，让老师通过妈妈的角色表达了对孩子的接纳。这些故事不仅仅是在情节上吸引了鑫，更让他从心理上产生共鸣。

效果：

慢慢地，每天鑫的入园变得轻松了。偶尔也会眼睛红一红，但还是会主动挥手和爸爸说再见。到了入园第五周，一直固守自己椅子的鑫离开椅子，到玩具柜拿了自己的橡皮泥，回到位置去玩。从此，他在教室里有了自己自主的活动，但每天玩橡皮泥，都是别人主动帮他拿来。

就在第五周的某一天，他居然自己跑到老师跟前，眼望着老师，不说话。看着他手里的橡皮泥，笑着帮他撕开，他立刻拿着回了位置。他是不是感觉到了老师眼神里的接纳呢？

过了几天，他又拿了橡皮泥来，却是开口说道："你帮我开。"很快的、急促的语气，手快速一送的动作，表示他腼腆而又开始放松的状态。由此，鑫和老师及这个新教室建立了一定程度的安全和信赖关系。

鑫，敏感、细腻，这样的孩子往往内心很有自己的主意；鑫，独立自主能力弱，这样的孩子适应新环境的能力也相对弱一些。一方面，老师不用热情地走近他们、贸然地接触他们，因为他会退缩和躲避！老师只需站在那里，永远用欢迎的眼神和姿态，随时等待迎接他；老师只需摊开自己的双手，就在那里等着他主动来握！这就表示老师让他自己作决定，尊重他，让他慢慢克服内在不安。另一方面，和家长沟通交流，逐步让孩子学会生活自理，增强动手能力；多听听孩子的意见和想法，增强孩子独立自主能力，以便孩子从中体会到自身的力量及成就感。

延伸与讨论

　　初入园的孩子或多或少都有一个适应期，要顺利地帮助孩子度过"哭闹期"，消除"分离焦虑"需要幼儿园和家长的共同努力。根据你的工作经验，初入园的孩子一般有哪些不适应表现，可区分为哪些类型？家长和老师应该如何应对？请与同伴交流分享。

（江苏省如皋师范附小幼儿园　高美霞）

9. 让"不行"变"行"

"不行——",这长长的、刺耳的尖叫声经常从新入园的中班传出来。声音的制造者是山山,这是他在幼儿园里与老师、小朋友交流、解决问题的最主要方法。在小朋友及其他家长眼里,这孩子简直就是个"另类"。

山山是个很帅气的小男生,刚满4岁,白白净净,一双黑黝黝的大眼睛很惹人喜爱,怎么会是另类呢?他有着许多与同龄孩子不一样的表现:

- 缺乏兴趣点、主动性

早上入园,在衣帽间,小朋友们自己脱下外套叠整齐、再换好鞋子,就跑去看画书、玩橡皮泥、玩积木,选择自己喜欢的活动了。山山进门拍拍沙包、开开橱门,漫无目的地转来转去,老师提醒催促多次,他一样也不做。

- 生活自理能力差

午餐时间,小朋友津津有味地吃饭。山山坐在椅子上,一会儿和左边的小朋友说话,一会儿动动右边小朋友的饭碗。如果没人理他,他就左手托着下巴,右手玩弄勺子,毫无吃饭的意思。午休时间,小朋友都脱衣、上床,安静下来等老师讲故事,他则游荡在一边。想听故事的小朋友大声催促他,他仍无动于衷。小朋友来帮他脱衣服,他被动地接受着同学的帮助,连最基本的配合动作都没有。

- 交往能力很差

教室里,三个小朋友在过家家,其中"孩子"背了个海绵宝宝的书包,他跑过去就抢,人家不给,他喊着"不行——"上口就咬。小朋友刚搭好积木,他过去"呼啦"推到地上,小朋友反问"你干吗?"他上去就一巴掌。班里来了新同学,他猛跑过去紧紧地抱住人家,以至于把新同学吓得哭了。

● 注意力不集中

目光总是游离于左右，不能与老师、小朋友对视交流。老师说站队集合，他没听见一样逛荡着跑到一小朋友跟前说：下午我姥姥来接我；老师问他喝水了没有，他侧身对着老师，停了一会儿，像是回答又像是自言自语：我在家里看《海绵宝宝》了。

已经满4岁的孩子，有如此表现，的确不太正常。于是我展开多方面的调查，经了解：山山一家三口与姥姥一起生活，姥姥文化不高，独身生活多年，性格很要强，凡事都要自己当家做主，一点不许别人插手，整天挂在嘴边的一句话就是："不行！"姥姥对周围环境比较敏感，很少带他出去玩。妈妈和姥姥都认为山山"挺好的"，与同龄的孩子没有什么差别。

于是我与山山妈妈有了一次较为深入的谈话。我问："你和孩子一起玩吗？""玩啊！""什么时间？""吃晚饭的时候。""你能从孩子的口中了解到幼儿园多少信息呢？""百分之五十，不，百分之六十吧。""这个数据是怎么得来的？""……"山山妈妈答不上来了。

据此推测：山山的日常起居全部由姥姥包办，爸爸妈妈对其成长、教育不闻不问。姥姥的言行举止、家庭环境成了山山模仿学习的主要对象，"不行"就是最典型的代表。山山的问题成因渐渐明了：家长既不关心孩子成长，也不了解孩子成长发展的规律与特点，不懂教育、不会教育。

一、孩子有"病"家长吃"药"

入园后，班里三位教师在各个方面给予耐心的指导与帮助。一个月以后，山山有了一点点进步。但是，国庆长假回园后，山山的一切又回到了原点，甚至还不如刚来园时。山山的表现正好印证了目前教育学上流行的一种理论：5+2＝0。因此教育好山山，首先得从教育家长开始。我给家长开出的药方是"观""识""思""行"。

观：请家长利用接送孩子的时间及班级活动录像观察山山，看一看山山在园一日生活的表现：他每天来园做了什么，怎么做的，结果如何。

识：请家长"暗访"幼儿园一日生活流程。从入园到离园，每个时间段小朋友们做什么。观察重点放在班里小朋友的表现。通过对比、分析，让山山家长一方面了解本年龄段孩子应有的能力水平，另一方面全面清醒地认识山山的能力水平及差距。

思：请家长认真思考对山山表现是否满意？为什么山山会有这些表现？背后的成因是什么？家长今后该怎么做？在改变教育方式方法的过程中，先预测自己会遇到哪些方面的困难？克服这些困难的策略有哪些？

行：我与家长商讨、制订出对山山的教育策略，请家长行动起来，积极配合教师工作，一起为之努力。

二、提高能力，让"不行"变"行"

首先，不再说"不行"。常把"不行"挂在嘴边，说明其心理长时间处于一种消极状态。长此以往，就会失去主动性。因此，要求山山不论什么情况都不能说这两个字。当然，家长首先做到不说。如：离园时间，山山把书包扔给姥姥，自己要跑去玩。姥姥刚想说出那两个字，老师赶紧示意姥姥不能说。可以这样告诉山山：姥姥自己还要拿其他东西，不能帮你拿书包；回家还有要紧事情，今天不能再玩。同时要求家长在生活中遇到类似情景，通过讲清道理、说明原因进行阻止。根据实际情况教给孩子处理问题的具体方法。有了处理问题的方法，山山慢慢地就会忘记这两个字。

其次，让"不行"变"行"。

1. 学会自理

山山的吃饭、穿衣、喝水等最基本生活能力都很差，这就给他的一切活动带来很大障碍，因此提高自理能力是一切发展的基础。吃饭时，我来到他身边，问他为什么不吃饭，他冲我笑笑（他的笑让我读不出任何内容）。我说：你看那白白胖胖的米粒多可爱。他歪着头说：你喂我。我先喂一口，再把勺子放在他手里让他自己吃，他则把五指直直张开，我帮他慢慢将手指弯曲握住勺子，他又使劲地把手指伸直，口里大喊着"不行，疼"，看来他根本不想自己吃饭。我给他一个严厉的眼神：自己吃！然后悄悄告诉他，如果自己把饭吃完，下午会让他看"海绵宝宝"（他的最爱）的动画片。他开始拿起勺子吃饭，尽管吃进去的不如撒在外边的多，但毕竟是自己开始吃饭了，当然，我的承诺也会兑现。午休时他再接受小朋友的帮助，我严肃地要求他：自己来！当他费尽九牛二虎之力脱完衣服时，我先口头表扬，再讲一个他最喜欢的"海绵宝宝"的故事。三四周之后，他在老师或者小朋友的催促之下，开始自己脱衣上床，但是主动性还很差，速度也很慢。

2. 培养兴趣

兴趣是最好的老师，人们对自己有兴趣的事情才会有主动探索的动力。在探索的过程中还可以发展多方面的能力：注意力、观察能力、表达能力、手眼协调能力、意志力等。我发现，山山唯一有点兴趣的就是"海绵宝宝"，我就以此为切入点，培养他的兴趣。我以请教的口气问："海绵宝宝"长得什么样？穿什么颜色的衣服，住在哪里？有几个好朋友，分别叫什么名字？海绵宝宝最喜欢做什么事情？他开始并不会回答，我要求他每次看完动画片记住一个问题，或者反复关注同一个问题。当他记住并能够回答其中一个问题时，我就给予极大的表扬、鼓励，或者发一个小红花、小贴纸等。然后引导他画一画海绵宝宝的样子，这个建议他欣然接受，我就借机在用笔、线条、着色方面给予指导。经过一段时间的努力，他对绘画有了很大兴趣。

近一年的时间，家长的育儿观、教育观有所改变，山山有些许进步，绘画的主动性明显提高，看动画片及绘画时注意力比较集中，其他方面还有待继续努力。这主要还是因为山山基础差、起点低，且家长配合教师工作的能力还有待提高，但我们仍然会继续努力的！

延伸与讨论

午休时，山山上厕所回来，对着熟睡中一小朋友的脸就是一巴掌，老师赶紧过来制止。山山的理由是："他扔我的袜子了"。其实，两只袜子都在他脚上穿着呢。对山山这样的孩子，你觉得还可采取哪些有针对性的教育举措？

（山东省泰安市教育局　闫兴芬）

延伸与讨论指南

主题词：**午睡难的孩子**（1. 我就睡地上）

- 午睡对孩子而言是好习惯，要培养；
- 对少数不爱睡觉的孩子，要有耐心；个别孩子，不必强求，但不能干扰集体；
- 细究原因，与家庭合作是良策。

主题词：**超重的孩子**（2. 不是胖，是结实）

- 家长肯定和你一样关注，你的关切不要有异样的眼光；
- 饮食和运动、幼儿园和家庭，四管齐下；
- 肥胖固然不好，但因肥胖而引起的自卑、懒惰则更要命。

主题词：**吃饭难的孩子**（3. "不会吃饭"的宝宝 4. 为什么要吃蔬菜）

- 好习惯非一日之功，不要奢望能一下子好转；
- 要愉快地进餐，流着眼泪或痛苦地进餐都不可取；
- 饮食所需是生理需求，要让孩子有饥饿感。

主题词：**遗尿的孩子**（5. 不再尿频的孩子 6. 我不要穿尿布）

- 遗尿事小，嘲笑和讥讽事大；
- 除了生理的原因外，大多是心理的原因，找找紧张的根源；
- 在良性的环境中，解决是时间早晚的问题。

主题词：**入园难的孩子**（7. 喜欢新幼儿园了 8. 谁在焦虑）

- 对新环境的适应，每个孩子都要渡过这一关，家长不要比孩子还紧张；
- 适应是个时间的问题，要逐步放手，不要反复；
- 那些中途不愿入园的孩子，肯定有一个诱因，找出来并解决。

主题词：**自理能力弱的孩子**（9. 让"不行"变"行"）

- 独子社会，条件优裕，首先寻找家庭的根源；
- 力所能及地自理，过高或过低都不宜；
- 既然是自理，教师就不要太勤快了，告诉家长也要如此。

第三辑　顽童更要关注

　　他们是一群顽皮的孩子。以自我为中心，与他人对峙，有意无意地破坏规则，他们看上去都是捣蛋鬼。在教师的关爱下，他们逐渐将外在的规则内化，认同集体，温文尔雅，但他们的成长不是被驯服的。

1. 顽童更要关注

作为一线幼教，深知孩子的内心是向善的，希望得到肯定。可是在带班过程中，却总有几个顽童"捣蛋"，让准备充分的学习活动被打断，无法达到预期效果，甚至会让"一日活动"环节出现状况。不同的顽童行为结果一样，但是产生不良行为的因素不同，对策也不同。

欢欢是个聪慧的孩子，思维活跃，7月生，年龄偏小，初到幼儿园哭闹情绪较重。随着对环境的熟悉，他的行为发生180度大转弯，成了名副其实的顽童。

"12点了，宝贝们午睡啦，大家都是漂亮的小花猫，静悄悄。"孩子们准备钻进暖暖的被窝了，老师也在帮助自理能力相对弱的孩子。可是欢欢这个小顽皮像架战斗机，一会儿飞东一会儿飞西，还和同伴打着招呼，"嗨，在干什么呢，我们一起玩儿吧。"他显得特别兴奋。

老师上前制止他的行为，他就像个小逃兵一样逃到厕所或衣帽架附近。孩子们都入睡了，欢欢把纸巾都扔进便器，把孩子们的鞋子和物品扔得满地都是。虽然他承认错误并把东西都放好，可是第二天同样的行为照旧出现。老师好不容易把他哄上床，他又唱起了山歌，大声地和周围人说话。顽童欢欢的入睡难成了老大难。

在学习活动中，孩子们都已经坐在座位上"小眼睛看老师，小耳朵听老师"。欢欢却一个人散在外面，满教室寻找自己感兴趣的可以滚动的东西，比如小床、手工架、其他孩子的玩具小车，然后在教室里到处推着转，有时他还会在集体面前突然站到椅子上，或是把东西扔到大家的面前，引起别的孩子和老师的注意。无组织无纪律的行为让老师又好气又好笑。

经过分析，我认为：首先孩子年龄较小，之前没有入托经历，常规意识较淡薄，分不清楚集体教学活动与自由活动的区别。其次，初到陌生的环境充满新鲜感，有较大的探索欲望。最后，与家长沟通后了解到在家中，欢欢都是进行比较安静的活动如阅读，是个十足的宅男，不喜欢运动，但特别喜欢玩具小车。于是，我的策略三部曲横空出世了。

第一步，逐步形成常规。

午睡前，提出明确要求："等会儿要睡觉了，睡着了就是一只大老虎，很有力气，脸蛋红扑扑的，眼睛也会变得亮亮的，欢欢想做大老虎吗？"提出要求以后，及时观察欢欢执行指令的情况，当欢欢没有执行时，要不断提醒，让他养成习惯，知道在什么时间段应该做什么事情。这是一个漫长的过程，需要坚持。经过一段时间，终于有一天他主动将椅子搬到小床边，有了午睡的意识。虽然他躺在床上仍然想去晃一圈，但是在老师期盼的眼神中，他闭上了眼睛。起床之后，老师在集体中给予鼓励，在大家的掌声中，欢欢的自豪感油然而生。他的午睡意识也逐渐加强了。

第二步，了解孩子的心理，与孩子贴心沟通。

在运动时他喜欢我抱起他开小飞机，这可是一个谈心的好时机。"欢欢眼睛真大，如果在学本领时，我也找到你的大眼睛，你的本领会更大，老师更喜欢你！"这样亲切地和孩子商量。欢欢睁大眼睛，大声说："好。"几次谈话后，欢欢慢慢地发生了变化，渐渐坐得住了，也愿意倾听老师和其他同学的回答，还会发表自己的想法。有时候我也会给他一些自由，让他慢慢适应集体活动常规。他似乎也能体会到我和他的约定，尽量配合我的活动，我也从中收获感动。

第三步，提升自己的教师素养。

在生动、活泼的外教活动中，欢欢注意力很集中。这提醒我在带班过程中，应该更加贴合孩子的心理，丰富自己的教学手段与方法。我不断尝试用抑扬顿挫的语音、夸张的表情吸引孩子的注意，带给孩子一些神秘感和新鲜感；用精美的教具吸引孩子们的兴趣；不断听课、上课、反思，在这一过程中认真探索，不断提高对自己的要求，把爱孩子化为具体的行动，提高孩子参与活动的积极性。思维活跃的孩子遇到同样的老师才会迸发出教育的火花。

面对这样一个小顽童，老师要用耐心、爱心去感化，逐渐帮助孩子形成一定的常规，同时提升教师自身的气质。

　　另一顽童晓至也让我们很头疼。晓至有一个亲生哥哥，乖巧懂事，在家中受关注较多。而晓至则截然相反，对长辈不尊重，东西到处乱扔，母亲和奶奶对他的行为采取忽略态度，放任不管，寄希望于老师。家访中，调皮的晓至爬到我的身上拉我的头发，据妈妈说他喜欢拉女孩子的辫子。可是在幼儿园，晓至的表现却不这样。在陌生的环境中，他胆子很小，不敢与别人交流；在集体活动中，他不愿意回答问题，和他沟通也没有反应。并且，他总是用各种不良行为引起别人的注意，比如站在椅子上、在座位间兜圈子引起其他孩子跟风，班级管理陷入混乱。

　　这样一个非独生子女家庭中成长的孩子，在现今逐渐增多，该如何面对这样的顽童呢？

　　首先，保持一份耐心，纠正孩子心理。晓至的内心渴望得到关注，家庭对哥哥倾注较多的关爱，晓至所穿的衣服都是哥哥剩下来的旧衣服，对晓至的关注较少。晓至经常以不良行为引起家长的关注，在家长严厉的批评中，他总是面带笑意，洋溢着满足感。推及幼儿园，他也采取类似的行为。我一开始采取忽略孩子的方式，继续开展活动，让他感到无聊而停止不良的行为，但是有次他变本加厉使课堂无法进行下去。我停止活动与大家一起讨论"这种行为好不好，怎样才是本领大的老虎呢"。在大家的讨论中，他也意识到自己的问题。孩子的内心是向善的，这次讨论之后，他在课堂上"捣蛋"行为有所收敛。

　　其次，发现孩子身上的闪光点。他对数字很有兴趣，对电灯、风扇和开关相关的物理知识很着迷。在幼儿园，我分配给他一个任务，做班级里的小小环保员——每天进出教室为大家开关电灯。他很乐意做这个事，每天不忘开灯、关灯。一周后，我在班上表扬他为班级做的小贡献，让大家向他表示感谢。他对于这项简单的工作非常认真，一个小细节成全了孩子的责任心，培养了孩子的一个好习惯，他也就没那么顽皮了。

　　第三，家园合作。晓至的不良行为和家庭教育有着较大的关系，家庭较多关注孩子的不良行为，这反而强化了他的行为。和家长沟通，改善家庭教养态度至关重要。在和晓至父亲的一次深入约谈之后，父亲意识到平时工作忙碌忽略了孩子的教育，尤其是对于小儿子的教育不够重视，表示今后会重视并着手解决。晓至的吃饭速度很快，总是能做"吃饭大老虎"，爸爸每天都会不厌其烦地与晓至击掌以示表扬，简单的几掌对孩子确实有莫大的鼓舞。孩子出现不良行为，爸爸不再打骂孩子，而是用眼神告诉他这是不对的，晓至心领神会。

　　晓至的过分顽皮是因为缺乏关爱，想引起别人的注意而产生的，这就需要身为教育工作者的我们充满爱心、责任心，并且发现孩子的闪光点。

延伸与讨论

　　你的班级有过顽童吗？他们是如何表现的，你又是如何应对的？与同伴交流分享经历与经验。

（上海市浦东新区冰场田幼儿园　陈玲琳）

2. 智取爱哭的孩子

镜头一：笑笑早上来的时候又哭了！

笑笑妈妈告诉我，笑笑最近特别爱哭，不愿意来幼儿园……

记得第一天来时，笑笑哭着来到幼儿园，等爸爸妈妈离开后，一会儿的功夫，她就转"晴"了。

镜头二：翔翔是个男孩，每次来幼儿园准哭。眼眶里的眼泪晶莹地打着转……

镜头三：佳佳最近几天，早上来幼儿园都会大声哭闹，不让爸爸妈妈离去。无论老师怎么劝，她都不肯停。

面对这三个特殊的孩子，还有其他偶尔也哭的孩子，我开始细细地思考，如何让他们早日走出那个不可自拔的阴霾，让他们体会到幼儿园不是可怕的"老虎"，而是他们的乐园，让他们喜欢上幼儿园，喜欢幼儿园里的老师。

经过缜密的思考后，我尝试了以下几种方法，效果很理想。

1. 与孩子手牵手

早晨接孩子时，我们站在幼儿园门口等待入园的孩子，孩子们8：00左右就来得差不多了，我们领着孩子进入活动室。一会儿的功夫，门卫值班老师打来电话："王老师，你到门口来一下，你们班的笑笑哭着不肯上幼儿园。"等我赶到门口时，笑笑正和妈妈闹个不停呢。我拉过笑笑，只对她说了两句话："笑笑是不是想让王老师拉着手进活动室啊？快和妈妈再见，小朋友都等急了。"笑笑一愣，随即和妈妈再见，泪痕还没干，就随我来到了活动室。

中午下班时，笑笑妈妈打电话问笑笑的情况，我说笑笑很听话，并告诉她："孩子喜欢在见到老师的时候入园，一般7：30～8：00的时间我都在大门口等孩子，希望你明天早点送笑笑过来。"她表示愿意配合。

第二天，我依旧站在大门口等待入园的孩子。7：40左右，笑笑的爸爸妈妈一起送笑笑来幼儿园，我快步走出大门，笑着说："笑笑今天来得真早，和老师手拉手，和爸爸妈妈说再见。"笑笑和我手拉手，高兴地进了幼儿园。

孩子就是孩子，小小的心，容不下我们一点点的粗心与疏忽，和孩子手牵手，给她一个猝不及防的"爱的袭击"，让她感受你心里的温柔与爱意，她会快速转变对幼儿园的认识，重新认识她心目中的幼儿园。

2. 拉近彼此的距离

刚见到翔翔时，交接的老师就告诉我，他小班时由于经常生病，几乎没上几天幼儿园。通过交流，知道孩子是二胎，父母特别娇惯他。

翔翔的姐姐曾经是我从幼儿园带起来的，和翔翔聊天时，就多了一些意想不到的话题。我故意对翔翔说："我是你姐姐幼儿园时的老师，现在又是翔翔的老师，回家问问姐姐，这么长时间了，想我了吗？"翔翔一惊，接着就破涕为笑了，说："行，我回家问问，是不是真的。"

再来幼儿园时，他没哭，跑到我跟前和我说："妈妈和姐姐都说是真的，姐姐说想老师了……"看来，这话匣子里还有不少话要和我说呢。"翔翔真是个好孩子，来幼儿园都不哭。"翔翔的嘴角拉了拉，瞬间又变得不好意思起来，说："我喜欢老师……"

共同话题是拉近人与人关系的桥梁，与孩子打交道更是如此。一句关心的话语，一个充满同情与爱意的眼神，说不准都能打动孩子的心灵。利用身边的资源和孩子熟知的话题，拉近与孩子的距离，让彼此不再陌生，让信任由此而来。

3. 甜甜的"诱惑"

一天早上，爸爸送佳佳来幼儿园，到活动室门口时，佳佳突然大哭，抱住爸爸的腿不放，在我们的坚持下，佳佳进了活动室，却哭得没完没了，无论我怎么劝说，她只有一句话："我想找我爸爸！"

正在这时候，涵涵小朋友送给我两块糖，我忙拿出来一块递到佳佳手中，佳佳伸手拿住了糖，哭声小了，慢慢和我说起话来。原来，最近她感冒刚好，爸爸经常外出，同佳佳相处的时间短，佳佳特别依恋爸爸。我帮佳佳整理好衣服、鞋子及她的情绪，佳佳回到了自己的位子上。

事后，我在想，我们要允许孩子有情绪波动，那是因环境的变化而变化的。关键是我们要把握好这个可掌控的度，需要我们动脑筋想策略，哪怕仅仅是一闪而过的急中生智，甚至是甜甜的"诱惑"，都是值得我们运用和尝试的，你不妨给孩子一个"甜枣"，引起她甜甜的向往，以及别种情绪的转移。

4. 把握成功的喜悦

活动课上，一幅幅好看的粘贴画、吹画，有模有样，看到这三个爱哭的孩子表现得特别好，何不就势吹吹风，让他们的"小辫子"翘一翘，满足他们极大的荣耀呢？

"小朋友，你们看，这是翔翔小朋友吹的梅花的树干。"小朋友鼓起掌来。翔翔摸着头，乐呵呵地笑着，很有成就感。我接着说："真不错，翔翔你真棒！明天来幼儿园时，还哭吗？""我不哭了"，其他小朋友也举着手说："老师，今天我就没哭。"……佳佳用眼睛看着我，也在笑，似乎说：我今天就没哭呢！

一群活泼开朗的孩子，一个灿烂的童心世界。一点小小成功的喜悦，带来了班级积极向上的整体效应，把握好你身边的机遇，会给我们带来意想不到的惊喜。

5. 给孩子一个爱的拥抱

当爱哭的孩子变得不爱哭了，或是偶尔哭，这时我们就要加以巩固。除了老师的语言魅力不能少之外，肢体语言的运用也必不可少。

对班里的这些特殊孩子，我会变着法走近他们。"笑笑，现在早上来的时候怎么不哭了？""我喜欢幼儿园。""那你过来，老师得抱抱你。"笑笑被我抱起来，笑声传得老远。

"翔翔，现在来幼儿园还哭吗？""不哭了，这里有许多小朋友玩，我喜欢老师。""那你也过来，亲亲老师。"额头上一个轻轻的吻，甜蜜而开心。

"佳佳，你还哭吗？""不哭了，我喜欢上幼儿园……"我送给她一个大大的拥抱。

这些都是爱的铺垫，承前启后，巩固已有的成效，促进未来的良好发展。

分析与反思：

通过以上的事件描述和解决问题的方法，我展开了分析：

爱哭的孩子原因各有不同。像笑笑，她属于那种愿意亲近老师的孩子，喜欢和老师手拉手，面对面地交流；翔翔则属于娇惯式的孩子，长期不来幼儿园，在家养成了一些坏的习惯，不愿意合群，但他喜欢鼓励与表扬；佳佳则属于平时表现极好，可在遇到突发事情时管不住自己而哭闹不止的孩子。

针对以上几种爱哭的孩子，我采取的是简单易行的方法：亲近孩子、拉近与孩子的距离、把握时机适时巩固、爱的拥抱、甜甜的"诱惑"等，都取得了不错的效果。

由此，我得出这样的结论：善于分析孩子，你才能更快地适应孩子，解决孩子的问题，走进孩子的心灵，成为孩子喜欢的老师。

总之，与爱哭的孩子打交道，既锻炼你的智慧，又发展你未泯的童心，还会让你的爱心四溢，一年四季都暖意融融。

延伸与讨论

1. 你的班里有爱哭的孩子吗？你是如何调整他们的情绪的？效果如何？

2. 如果这个爱哭的孩子是个什么话都听不进去的孩子，即所谓"软硬不吃"的孩子，你会采取何种方式来处理？

3. 说一说你在对待爱哭的孩子时，都有哪些不同于文中的方式与方法，效果如何？

（山东省费县实验幼儿园　王敬云）

5. 找到"好孩子"的感觉

涛涛是个凡事爱唱反调的孩子，那副天不怕、地不怕的淡然神态时常令我哭笑不得，以下几个情景可见一斑：

语言活动中，我对小朋友们说："老师给你们讲个故事好吗？"大家异口同声地说："好！"这时，涛涛会冷冷地说："不好！"

吃午餐的时候，大家都津津有味地吃着碗里的饭菜，涛涛却把自己不爱吃的菜夹到同伴碗里，同伴赶紧向老师报告。老师批评他时，他却把眼睛笑成弯月。吃水果的时候，大家都高兴地去洗手准备吃水果，只有涛涛坐在座位上不动，我问："涛涛，你怎么不洗手呀？"他不在乎地说："我不吃！"

外面下起了暴雨，时有电闪雷鸣，小朋友们都在教室里游戏，他却径自跑到教室外面，我看到忙说："涛涛快进教室，外面打雷呢！"他却不屑一顾地说："哼！打雷有什么好怕的？"

涛涛在游戏中也是"特立独行"，其实是他与人交往的能力相对较弱，在班上人缘也不好。他这样的个性，大家都不太愿意和他做朋友，跟他邻座的小朋友不知换了多少个。每次换一个小朋友，马上家长就来向老师反映孩子怕上学，因为邻座有个叫涛涛的孩子总欺负人。因此，涛涛也就越发显得形只影单起来。

这孩子与众不同的个性激起了我进一步了解他的意愿，我觉得有必要对他进行有针对性的教育引导。于是，我首先向涛涛的奶奶了解孩子的家庭情况。原来，涛涛的父母都在外地工作，他由爷爷奶奶照顾，对孩子很是溺爱。孩子常常把爷爷奶奶的话视为耳边风，有时还故意和老人作对，以此取乐。我想，如果长此以往，这孩子的个性将会步入不健康的轨道，这引起了我的警觉。

"是涛涛干的"

"不好了，卫生间的地上全是水！"有孩子来报告，并且检举揭发是涛涛干的。我一看，原来是保温桶的水龙头没关好，水全都流到了地上。我赶紧拿来拖把把水拖干。

"涛涛，是你没关好水龙头吗？"我问。

"不是的。"涛涛一脸无辜。

从他的表情可以判断这件事好像不是他干的，因为一般他会搞一些恶作剧，如果这事是他做的，老师问起，他会一脸坏笑。

"大家看到是涛涛没把水龙头关好吗？"我又问班上其他的孩子。

这时教室里没有了声音，显然孩子们并没有看到涛涛做这件事，只是以为是涛涛干的。我也不去追究是谁这么粗心了，只告诉小朋友以后喝水一定记得把水龙头关好后再离开。

这件事我看到了一个大家眼中"坏孩子"的无奈，孩子的内心肯定是孤独、不快乐的。他也同样需要朋友，只是没有正确的交往方式。因为他执拗的性格，大家都不愿与他为伴。这时老师应该真心和他做朋友，然后帮助他学会正确与人交往的方法。每个孩子都是渴望被赞赏和接纳的，涛涛一定有许多优点被我们忽视了，我们应该从他的身上发现闪光点，让班级里的小朋友重新认识涛涛。

从哄睡觉开始

谈起午睡是涛涛最兴奋的，他对老师说："我才不睡呢，我在家里中午从不睡觉。"我耐心地劝他："睡觉可以长个子，还可以让你在下午做游戏的时候更有精神！"他不在乎地说："我才不要长个子呢！我不要有精神！"小班的时候，有一段时间我们尊重了他的意愿，午睡时间让他在区角里玩游戏。

升入中班后，他能在卧室很安静的时候哼起小调，偶尔他因无聊而睡着，我们会表扬他，但第二天他仍旧我行我素。

这天一进卧室，我就说："涛涛，今天你睡觉的时候老师坐在你旁边好吗？"涛涛一脸诧异，因为老师更多是在自己喜欢的孩子身边坐着，照顾着满屋的孩子们睡觉。在孩子们羡慕的眼光中，他乖乖地到我身边的小床上睡下。为了不让他感到不安，我和他小声聊家常，用手抚摸他的头，孩子很快就睡着了。就这样，我坚持了一段时间，很快他就养成了良好的午睡习惯。因为经常被老师表扬的缘故，班上的孩子也不那么排斥他了。

原来是个"巧手"

区角游戏时，卿儿送来娃娃家的小推车，说小推车坏了。我一看是推车的推杆左边中间有一节掉下来了，就转身去拿胶布想把推杆裹起来，等再次来到小推车边时，却见涛涛已修好了小推车。他还推给我看，一脸的漫不经心，丝毫没有炫耀的感觉。"呀！真是个巧手，快告诉老师你是怎么修好的?"我又高兴又激动。他不紧不慢地说："这里有个卡子，把卡子一紧就好了。"哦，原来推车的推杆上本就有个上下连接的卡口，刚才是卡口松了，上面的一节才会掉下来，粗心的我还以为是推杆断了呢！涛涛还真有一手呢！卿儿看到小推车修好了很高兴，他连忙跑去告诉小伙伴们，说是涛涛帮他修好的。

在游戏总结的时候，我特别表扬了涛涛，夸他爱动脑筋帮大家做了一件好事。放学时还特意把这件事告诉了来接他的奶奶，听到小孙子得到表扬，老人说："你不知道，他在家就爱拆东西，拆了再装，装了又拆，什么手表、照相机、钟表他都拆过！"

我们终于发现孩子的优点了，他实际操作能力很强。以后我们总刻意让他能够充分发挥这个优势，比如教室里有个建构区，每次玩之前都需铺上一层方格子地垫，好让孩子直接坐在垫子上搭大型积木，可其他孩子都不怎么会铺，涛涛铺垫子很在行，所以每次我们都请他帮忙。班上的孩子看到他那么认真地为集体服务，也逐渐从心里对他刮目相看了，大家都觉得他在进步。再后来，班上一位小女孩的妈妈告诉我们说："我女儿回家天天跟我说她的好朋友叫涛涛，这不，还一定要把她姑妈从美国带回来的巧克力送给涛涛吃呢！"哦，谢天谢地！涛涛再也不是那个人人讨厌的"坏孩子"了，你看他都有一群粉丝了！他也越来越依恋这个集体了。

教育的责任在于唤醒。作为老师，要用一颗宽容的心接纳每个孩子，善于发现他的优势，创建各种平台让他不断发挥，这样孩子一定会越来越自信,性格就会越来越开朗、合群,进步就会越来越大。你看,现在的涛涛在集体活动中眼神专注、思维敏捷,绘画时创意新颖独特,在家里也懂得尊重爷爷奶奶了。奶奶笑得合不拢嘴:"这孩子像变了个人儿,可懂事了。"

有这样一句话"让孩子找到做好孩子的感觉,他就会成为好孩子",我可以骄傲地说,涛涛终于找到这种感觉了。

延伸与讨论

涛涛是个典型的留守儿童,其个性特征及行为表现会受此影响。你在工作中碰到过类似的情况吗?这些孩子有何典型特征?在教育上有何对应的措施?试举实例与同伴交流分享。

(江苏省姜堰市第二实验幼儿园　窦海芳)

4. "小捣蛋"变成"小可爱"

在音乐活动"好孩子要诚实"中，我饶有兴趣地倾听着孩子们的"碎事"，不时跷起拇指表扬认真的孩子，用和蔼的口气鼓励胆怯的孩子。这时雯雯哭着说："老师，承承拽我的辫子。"话音未落，"老师，你看承承又拉我的裤子"，涛涛站起来也在喊。我过去制止了他，可大约过了10分钟，他不愿意在椅子上坐了，就溜到一旁的玩具柜拿出插接棒拼成了一把冲锋枪。一会儿又趴在地上左右摇摆，对着上课的小朋友"啪啪啪"进行"射击"……原本安静的活动室顿时骚动起来，一节完整的教学活动变得支离破碎。

承承是5岁的中班男孩，调皮、任性、自控能力差，在各项活动中不遵守规则，与小朋友交往时比较霸道，经常要抢自己喜欢的食品、玩具、图书等。如果其他小朋友不小心碰了他，他会加倍还击。孩子们经常告他状，还不时有家长找上门来。上课时一点也不专心，喜欢和旁边的小朋友随便说话。但喜欢绘画，且比较专注。

孩子的父母都是生意人，平时非常忙。他是老二，上面还有个姐姐，从一周岁开始由爷爷奶奶带大，老人生怕孩子吃亏，对他非常溺爱，每次上幼儿园还叮嘱他："要是别人打你，你就打他。"他居住的地方是个农贸市场，经常有打架、斗殴的事件发生。

从承承的日常行为中不难看出，由于家庭对孩子过分溺爱，造成了他的任性、霸道。家长怕孩子吃亏进行错误的引导，使承承从"以牙还牙"逐渐发展到欺负弱小同伴。另外，承承还特别喜欢看带有暴力色彩的电视节目并喜欢模仿，所以他养成了一些不良习惯。

教育尝试：

1. 让孩子懂得感恩

早晨来园让他先问"老师早""小朋友好"，然后说"爷爷奶奶再见，谢谢你们来送我。"晚上离园说"老师再见""小朋友们再见""爷爷奶奶好，谢谢你们来接我。"我跷起拇指鼓励他："承承真棒。"经过两周的时间，这些话就成了他的口头禅，从两位老人的点头微笑中，我看到了承承的进步，也感觉到了家园达成共识的教育合力。

2. 用拍录像的方式改掉坏习惯

早午餐，让承承通过"录像中的我"改掉挑食、掉米粒、不讲卫生、把不愿意吃的东西放进别的小朋友碗里等不良习惯。

我在幼儿用餐时拍摄录像，拍下他们吃饭全过程，并为几个表现好的幼儿做了特写镜头，饭后播放。让承承看看自己用餐的情况，再来比比特写镜头中的孩子，承承认真模仿用餐习惯好的幼儿，一段时间下来，效果非常明显。以后我又发展了"课堂上的我""活动中的我""午睡中的我"，都收到了较好的效果。

3. 合作与耐心等待

在参观完鸟类展览后，孩子们分组，利用从家里带来的各类包装盒、棉絮及捡来的小树枝、草叶等，制作了适合小鸟居住的鸟窝，并投放在幼儿园内等待小鸟的光临。可是，一段时间内，小鸟并没有光顾他们制作的鸟窝。承承泄气了，"小鸟不会来了，鸟窝白做了。""那我们在鸟窝里放些小鸟爱吃的食物吧，小鸟一定会来的。"我鼓励着他，"好吧。"承承把从家里带来的小米、大米、绿豆等投放在鸟窝里，我每天都陪他去观看两三次。终于，有小鸟飞来了，承承看着小鸟们惬意地啄食着自己投放的食物，情不自禁地欢呼、跳跃起来。在分组制作中，他学会了与小朋友们一起合作；在盼望小鸟飞来的时间里，他学会了耐心等待。

4. 关爱与责任

"老师，承承又把雯雯撞倒了！"一个小朋友急匆匆地向我告状，承承也理直气壮地来到我面前，大声对我说："我是收积木的时候不小心碰了她，我已经向她说对不起了，可是她没有说没关系，还一直哭。"平时我教育小朋友要团结友爱，互相谦让，但当你的行为较严重地伤害了别人时，你也要为自己的行为负责。我一边安慰雯雯，一边对承承说："你看你把雯雯碰倒，她的手破了一块皮，多痛啊，你说了一声对不起她就不痛了吗？现在你就照顾雯雯，陪她到保健室上药，保护她上下楼梯，照顾好她，直到她的手好了为止。"久而久之，承承学会了关爱，知道了要为自己的行为负责，对自己的行为有了较好的控制力。

教育反思：

1. 多关注乖戾的孩子

在集体活动中，教师可以让他们坐在较醒目的位置，便于及时用无声的语言提醒他们。还可以根据幼儿的年龄特点、生活经验设计出富有趣味性、突出幼儿主体性的活动方案，调动他们的学习积极性。

2. 用赏识的心态看孩子

教师用赏识的心态看孩子，会发现孩子并非在所有的学习活动中都不专心，而是会在某些领域出人意料的特别专注，这就是孩子在某方面呈现出来的强项。在活动中及时肯定他们的优点，鼓励他们在其他方面也不断取得进步，保护孩子的自尊心、自信心。

3. 取得家长信任并配合教育

俗话说，"孩子都是自家的好"，家长对自己的孩子都有一份强烈的爱护意识，对老师评价自己的孩子非常敏感。因此，教师与家长交流时应特别注意，报喜在前，报忧在后。好的结果是家长期望孩子达到的，而且相信孩子能够达到，也就乐意按照老师的提示要求孩子改正缺点。只有疏通好与家长的友好关系，教育才能取得事半功倍的效果。

4. 目标分解与定向

幼儿期的孩子可塑性很强，只要教育得当、得法，就能起到良好的效果。但是孩子的转变不是一蹴而就的，它需要一段时间，而且会有反复。要用发展的眼光看孩子，允许孩子反复。教师可采用目标定向法，即把对孩子的要求分解成若干个小目标，然后在一个阶段对他们提一个目标要求，这样便于孩子有目的地约束自己的行为，等一个目标达成后，再提一个新的目标，同时还需不断巩固前一个目标。采用目标定向法有利于教师和孩子达成共识，而且将孩子的缺点缩小有利于增强其自信心，也便于教师检测。

总之，要循序渐进地慢慢改变孩子的不良习惯，才利于巩固成果，只要老师多一点爱心、耐心和精心，就一定能让每个孩子拥有良好的行为习惯，促进孩子身心和谐地发展。

延伸与讨论

对于班上特别调皮捣蛋的孩子，你一般持何种态度及应对措施？有哪些有效的做法？在你的工作经历中，有过由"小捣蛋"到"小可爱"的典型转变吗？请提供案例与同伴分享。

（山东省滨州市实验幼儿园　邢延芝）

5. 孩子并不缺少"可爱"

　　邵伟芃是一个十分聪明、能说会道的孩子，但可能因为家长的宠爱，动手的机会较少。在一次美工活动之后，我安排了延伸活动，在家长的帮助下制作手工作品。为此，我特别叮嘱了邵伟芃和他的妈妈，说很期待他的作品。

　　大清早，邵伟芃进班见到我们班每个人（老师、小朋友）第一句话就是摇头晃脑地说："老师，今天我带作品来的耶。"我说："不错，你把作品放在展示台上吧。"他自己主动找小朋友或自豪或窃窃私语地说："告诉你哦，我今天带作品来的。"得意极了。

　　下午集体活动时，带作品的孩子依次展示了自己的作品。

　　轮到邵伟芃时，小伙子十分自豪地举起自己的作品："请大家猜猜我做的是什么？王济元你说。"哪知道王济元身体往板凳后一缩，摇摇头。

　　邵伟芃："王济元，你说嘛。"王济元就是不说。

　　我说："你想请最好的朋友来第一个猜，是吗？"邵伟芃点点头。"那他现在不愿意，你就请别的孩子吧。"

　　王飞翔说："我猜是毛毛虫。"

　　"不对！"

　　孟青楠："我猜是蛇。"

　　邵伟芃为他鼓掌，但是他发现不方便（因为他的一只手正拿着"蛇"），第一反应是将"蛇"往自己的腋下夹，发现不行，赶紧往电脑架上放，继续为孟青楠鼓掌。我不禁被他那认真的劲头深深吸引，孩子们也被他一连串可爱的、滑稽的动作逗笑了。

　　骆家铭："我有一个问题，就是蛇的身体怎么像被用刀'杀'开了呢？"

　　"对呀！蛇的身体怎么像被刀切开了呢？"我重复着骆家铭的问题。

　　邵伟芃："因为这样方便些。这个圈圈是我妈妈帮了我一个小忙的。"

骆家铭："我觉得不好看，你可以贴一张卡纸在这个圈圈上，不就好看了吗？"

邵伟芃不敢正视下面的小朋友："那太难了。"

骆家铭"步步紧逼"："那你可以再请妈妈帮一个小忙呀。"

邵伟芃声音越讲越小，直往我怀里钻，手在我的衣服上画圆圈："那这样我都睡着了，妈妈还在帮我做，妈妈会很辛苦的。"

我心想：难得！小家伙还有心疼人的时候呀。"刚才你们没有听清邵伟芃的话吧？邵伟芃，你跟小朋友再说一次。"在我的鼓励之下，他把刚刚说的话又大声地说了一次。

我说："邵伟芃不错哦，会心疼妈妈了，真是个棒小伙！如果以后别的孩子遇到困难或是犯了错误，你也应该大度点，多去帮助别人，这样才会有更多的小朋友愿意跟你做朋友哦。现在你能在家做手工，这点我觉得你有进步了，希望能继续欣赏到你的手工作品，也希望你下次能带来自己的绘画作品，好吗？"邵伟芃很认真地点点头："好的！"

得到鼓励的芃芃接连几天都带了自己的美工作品，有的虽然很简单，没有其他孩子的作品出彩，但他现在愿意动手制作了，而且还愿意去帮助其他的孩子，真棒！

邵伟芃最初给我的印象就是一个光会耍嘴皮的孩子，动手能力与语言表达能力有着天壤之别，而且因为家长的溺爱，特别"自私"。正当我一筹莫展的时候，他今天的行为使我改变了对他的看法。首先，小家伙能利用业余时间动手制作——难得！其次，孩子在交流中流露出对妈妈的疼爱之情——珍贵！

放学时，我跟芃芃的妈妈反馈了孩子今天在展示活动中的表现，妈妈很是感动，不由得抚摸着孩子的头，小伙子也挺得意。我借此机会鼓励妈妈多陪孩子"玩玩"，多动动手，引导孩子不仅要疼爱自己的家人，还应该尝试去关心其他人。那次谈话后，芃芃的妈妈再忙，也会抽出时间和我们交流，反馈孩子在家情况，及时配合我们的班级工作。芃芃也变了。这不，春游时，孩子们午餐都是自己带的，由于天气很热，幼儿园发的水、牛奶已经全部喝完了（我们也把自己带的水、水果全部贡献出去了），此时到了山穷水尽的地步，孩子们和我们都很渴。

"邵伟芃，给我喝点儿水，好不好？"

"老师，邵伟芃不给我喝水。"

这样的声音此起彼伏。烈日当头照，小邵的这壶水显得尤其珍贵。

"难道他还是那么小气、自私吗？"我观察了一会儿。

邵伟芃："不要急，我给你们喝，不过你们每个人只能喝一口哦。"

很多孩子说："邵伟芃，你好小气哦。"

小伙子也没辩解，但他还是很专注地在给其他孩子倒水。

回来后的一次晨间谈话时，我请孩子们说说春游的所见、所闻、体会、感想，就有人说了这事，孩子们七嘴八舌地嚷嚷："邵伟芃小气。"

小邵急得直摇头："我不是不想给他们喝多，可是我的水也就那点，不够给大家喝的，所以只能一人一小口了。"

"原来你们都误会了邵伟芃，他只是想给更多口渴的孩子喝水，所以才说每人一小口。芃芃，你真棒！现在很会关心别人了哦。"掌声响起。

邵伟芃点点滴滴的变化，让我感到：在现实生活中，不可能每个孩子都那么优秀，但每个孩子都同样渴望得到老师的表扬和肯定，不要轻易地以自己的经验评价孩子，应该多去理解孩子的行为。

幼儿教育并不仅仅是指上好某一节课，传授某一个知识点。在与孩子们学习、游戏、生活中，处处隐含了教育契机，只要你是个"有心之人"，就会抓住发生在孩子们身上稍纵即逝的精彩片段。而身为一名幼儿园教师，千万别吝啬自己的表扬，买个放大镜找寻孩子的优点，找到后别忘记狠狠地表扬一通，说不定又造就了一个"小鲁班""小凡·高""小牛顿"呢！

延伸与讨论

小孩子的"小气"和"自私"有哪些表现？我们应该如何正确对待？怎样才能使他们变得"大气"而"无私"呢？结合你的工作，说说你们自己的例子。

（安徽师范大学附属幼儿园　郑良敏）

6. 咬人的城城

城城在我们小班幼儿当中年龄偏小，他既聪明又活泼，对事物充满了好奇心，不管什么事情都愿意尝试着去做，刚满两岁就会自己穿鞋子、取放自己的物品，有要求也知道主动找老师帮助。但是，来园仅一个月的他却成了我们班出名的小霸王，只要有人想分享他的东西，他就会怒发冲冠，要么毫不客气地将同伴推倒，要么张口就咬，吃过他苦头的孩子，都怕他三分。家长们说起城城也是直摇头，经常提醒我们，活动中尽量让自己的孩子远离城城，生怕孩子受皮肉之苦。

我要先玩滑滑梯

上午户外活动的内容是玩滑滑梯，孩子们都很喜欢玩。忽然，耳边传来一阵哭喊声，我循声走过去，发现班里年龄最小的悦悦手指上出现了被咬的痕迹。我边安抚悦悦边问："悦悦，谁咬你了？"悦悦边哭边将小手指向站在他旁边的城城。我立刻明白了，然后对城城说道："你咬他了？"城城看了看我，一边咿咿呀呀地说着、比画着，一边又将身体移向滑梯，接着以极快的速度抢在另一个小朋友的前面冲下了滑梯。针对他的行为，我立刻把他请到了身边，告诉他咬人是不对的，玩具要大家一起玩。城城听了老师的话，很高兴地答应着，一溜烟地又跑向了滑梯。

城城平时主要由爷爷奶奶负责照顾，对他百依百顺。久而久之，城城那股霸道劲儿就养成了，只要稍有不顺心的事情，或者是大人没有及时满足他的要求，他就咬人，不管你是谁。家庭教育是形成孩子性格的导火线。不难看出，正是由于城城缺乏良好的家庭教育，才导致了孩子极为霸道的性格。

其实我想修玩具

一天户外活动，我带孩子们玩拖拉玩具，城城玩得可开心了，一会儿拉着玩具快跑，一会儿又将玩具滚出。玩着玩着，城城玩具上的线绳和琳琳玩具上的线绳缠绕在了一起，两人各自争抢起来。听到争吵声我立刻冲了过去，可为时已晚，琳琳的手上已出现了牙痕。我怒视着城城，这次发现他居然用手蒙住了自己的眼睛，一副不敢见老师的样子。我皱起眉头问他："知道自己做错了？"城城噘起嘴巴咿咿呀呀地替自己辩解着，我努力地听着，断断续续地了解到他在说："我来修玩具，她不给我。"

小班孩子说话时咬字的清晰度和语言表述的能力还较弱，城城正处于这一阶段。这次的事件让我发现，由于城城说不清楚话，没有及时地使同伴了解他所要表达的意思，再加上他性情急躁，从而使他失去解释的耐心，又犯了老毛病。城城看到老师后用手蒙住了眼睛，这一表现说明他已知道自己咬人的行为是不对的，自己又一次闯祸了。

针对上述问题，我们可以采取以下策略：

1. 移情教育

要让孩子改变这种唯我独尊的性格，首先应该让孩子学会体验他人的情感，也就是对他进行适当的移情教育。我利用一些故事或者情境表演，让孩子参与到活动中去，让他体验到分享的快乐。记得有一次，我给孩子们讲《大家一起玩》的故事，城城听得那么认真仔细。讲完故事后，我问城城："你觉得大家一起玩开心吗？"城城断断续续地告诉我："大家一起玩开心。"我又问道："那么城城以后想不想和好朋友一起玩玩具呢？""想。"城城回答道。接着，我耐心地给城城讲和大家一起玩的方法，让他明白，想玩他人手中的玩具时要经过他人同意。

2. 帮助孩子在观察中学会"商量"

城城这孩子说话较晚，咬字不清，入园时，还不会说一个词、一句话。正因为他语言跟不上，又缺乏良好的谦让行为，所以才习惯用嘴来解决问题。嘴巴触到哪儿，就咬到哪儿。教会他怎样去和别人商量，是当务之急。记得一次午饭后，城城因为没有抢到自己心爱的玩具又想和同伴打架，我看见后，连忙把城城拉到了一边，告诉他想玩玩具时先来告诉老师，可以拉拉老师的手或衣服，带老师到要去的玩具前等，同时要求他看别人是怎样通过协商交换玩玩具的。教他说一些简单的句子，如："让我玩玩好吗""你玩好给我玩"等。在我的督促与帮助下，聪明的城城渐渐建立初步的与他人分享的意识，同时也在交往中渐渐地学习着和别人"商量"。

3. 表扬的魅力

我在平时活动中注意及时发现他的闪光之处，对他好的行为有针对性地加以表扬，注重表扬的时效性，讲究表扬的价值所在。城城吃饭速度较快，我采取的方法是给予肯定并加以强调："如果在游戏时，能做到跟大家友好地玩，不争抢玩具，那么老师会更喜欢你。"还有，城城动作灵活，妈妈反映他在家里小自行车骑得棒极了，于是，我有意让城城在大家面前露一手，并鼓励他将自己的车子让给同伴玩。当他在活动中表现出"商量"行为并和大家一起分享时，我就会送他一个大大的红五星。

4. 家园合作

在小班，做好家长工作是极其重要的，因为很多家长在送孩子上幼儿园时，可能没有充分考虑到会有这样那样的困难。他们认为，让孩子在幼儿园吃好、睡好、心情好是最重要的，没料到在幼儿园会和小伙伴发生矛盾甚至常会"被欺侮"。这需要教师耐心地做工作。不能一味满足家长的口味，一味批评指责攻击他的孩子，向家长道歉的同时要让家长充分地理解：毕竟他们都是才四五岁的孩子，他们之间的交往能力有待提高。在教师眼里每一个孩子都是可爱的，也是需要时间让他们慢慢长大的。

通过耐心细致的教育及引导，原来的小霸王城城不再霸道，咬人现象逐渐减少，语言表达能力也有了一定提高，学会了协商。这个案例，使我更加深刻地认识到，教师在教育过程中要注意根据幼儿的个性特点，研究有效的教育形式和方法，做到因材施教，只有这样才能真正确保教育的实效性，从而促进每个孩子健康地成长。

延伸与讨论

你遇到过类似这样咬人或攻击性强的孩子吗？你会用什么方法来避免、处理、矫正？你会与家长如何沟通？在孩子进步时，你会采取怎样的措施进行鼓励？

（上海市浦东新区张江经典幼儿园 唐海鸥）

7. "小霸王"转变记

彬彬是中班下学期转到我们班的插班生，贝克汉姆式的发型，黑白相间的耐克服，大摇大摆的步伐，神情里没有丝毫对新环境的陌生和抵触。这就是他留给我的第一印象。彬彬很聪明，也有较强的自理能力，很快适应了新环境。但没有想到的是，一个月不到，他就打破了班级中原有的平静局面。

情景一

上午，小朋友们正在室内安静地玩着桌面玩具，彬彬进来了，他这边瞧瞧，那边看看，最后一下子就坐在了他爱玩的玩具面前，把丁丁搭好的积木全部撸到了自己面前。不服气的丁丁伸手要拿回自己的玩具，他一把就将丁丁推倒在地上，丁丁委屈地哭了起来，彬彬却自顾自地继续玩着，嘴里还嘟囔着："这是我喜欢玩的，谁也别跟我抢……"

彬彬的父母人到中年才有了彬彬这个宝贝，对彬彬疼爱有加，但是由于工作忙，平时都由爷爷奶奶抚养，而彬彬的父母因为长期不在孩子身边，觉得对孩子有亏欠，对孩子的要求是有求必应，久而久之，彬彬就形成了错误的意识：自己想要什么就有什么，什么事情都是别人不好，没有自己不好的。上幼儿园以后，彬彬也是这样，一旦别人没有满足自己，就立刻上去抢夺，甚至攻击别人。彬彬转学的原因也和他是"小霸王"有关。

为了帮助彬彬，矫正他的霸道任性行为，我初步采取以下措施：

1. 与家长，特别是爷爷奶奶联系，家园一致地帮助彬彬，教会他一些与同伴友好交往的技能技巧，如：想玩别人的玩具，先要有礼貌的与同伴商量："借你的玩具玩一会儿好吗？""我们一起玩，好吗？"等。

2. 让家长为他准备爱玩的玩具，满足孩子玩的愿望。

3. 少让孩子看一些打打闹闹的动画片，多提醒彬彬，遇到争执不可以动手，可以用小嘴巴告诉老师。

这些措施虽然简单，但却收到了良好的效果，彬彬虽然变化不是很显著，但却"收敛"了许多，不再抢别人的玩具，不再轻易对朋友动武。

情景二

彬彬一早来到幼儿园，径直走到区域游戏中去，拿起益智区迷宫图，忙着在那里玩走迷宫的游戏。他边玩边对我说："老师，我走得快不快，你看。"看到我肯定的目光后，他更加得意，忙得不亦乐乎。这时悦悦来了，益智区的迷宫图同样深深地吸引着悦悦，只见她刚伸出小手想拿的时候，彬彬便大声地排斥道："这是我玩的，你不准拿！"悦悦小朋友被他这样一咋呼，吓得把小手缩了回去，极不情愿地离开了益智区。

从这件事情上我知道，彬彬长期霸道的行为习惯一时半会儿还不能从根本上改变，需要老师耐心细致地引导与反复教育。作为老师，我有责任帮助彬彬融入集体生活，克服这一坏习惯。在帮助他的过程中，先引导后表扬是最佳的方法。

1. 行动干预。将悦悦小朋友重新引到益智区，让她和彬彬一起玩走迷宫；利用游戏讲评，让他明白幼儿园的玩具大家一起分享。

2. 语言疏导。将悦悦引到益智区后，我对彬彬说："彬彬，让悦悦和你一起玩好吗？"彬彬在老师期待的目光下，无可奈何地点点头，不情愿地让悦悦坐在旁边一起玩了。游戏讲评时，我故意用夸张的口气表扬彬彬："今天呀，彬彬真了不起，知道和小朋友一起玩幼儿园的玩具了。"

在以后的几天里，彬彬在玩区域游戏的时候，没有再出现拒绝同伴的现象，而且每一次都能和大家玩得开开心心。由排斥同伴到接纳同伴，这个过程显示了彬彬的点滴进步。

情景三

在手工粘贴的活动中，彬彬和玲玲、豪豪等小朋友围坐在桌子旁，用小剪刀剪下操作纸上的图片。彬彬动作很快，别的小朋友还在剪的时候，他已经准备下一步骤拼贴了。这时，他突然发现少了一朵小花，就一抬手拿走了旁边玲玲的小花，还没等玲玲抗议，他又好像想到什么似的，把小花又还给了玲玲，然后弯下腰寻找了起来，终于，找到了掉在地上的小花。他高高兴兴地把小花贴在了本子上。

从这个案例中，我发现彬彬已知道抢夺行为是不对的，还学会自觉纠正，能和大家一起友好地活动了。我觉得这是值得肯定的一大进步，于是不失时机对他进行鼓励：

1. 请彬彬、玲玲等小朋友上来介绍自己的作品。

2. 肯定了彬彬的自我纠正行为，让他明确自己今后的努力方向。

3. 请爷爷奶奶关注彬彬在家能否控制自己不好的行为，有了进步就要及时加以引导和鼓励。

情景四

户外体育竞赛"送信"开始了，孩子们身背小书包，绕过障碍物，都想第一个把信送到目的地。忽然，小宇"哎哟"一声捂住了脚，原来他急于求快，跑的时候脚不小心踢到了障碍物。小朋友们都跑过去安慰小宇，彬彬也跑了过去，他蹲下身来对小宇说："我来帮你揉揉吧。"一边说，一边帮小宇揉了起来……

"我来帮你揉揉吧。"只是简简单单的一句话，但已说明我们的彬彬会关心同伴了。特别是在比赛的过程中，他宁愿放弃第一名也要帮助小宇，这多不容易呀。我真为彬彬能有这样的举动感到高兴。

彬彬的转变更加说明了一个道理，那就是：孩子是一个发展变化的个体，只要教师能为孩子留有一点时间、一点空间、一点耐心、一点提示、一点鼓励，那么孩子便会沿着一定的轨迹变化和发展。

延伸与讨论

霸道任性的孩子有哪些表现？如何分析"小霸王"现象的成因？怎样对待霸道任性的孩子？

（江苏省扬州大学第二幼儿园　杨　俊）

8. 越来越爱上幼儿园

记得刚接这个班时，听说莉莉好动，个性强，动不动就会不高兴，一不开心就会大哭大闹，甚至动手打其他小朋友，带过她的老师都拿她没办法。我开始对她进行全方位的观察，因为我知道"没有调查就没有发言权"，对幼儿细致观察，是打开幼儿心扉的第一步。刚开学的一两个月风平浪静，我还暗自窃喜，也许莉莉升入大班懂事了，应该不会乱发小脾气，可是这样的念头被接二连三发生的事给打消了……

他拉我头发

10 月的天气说来还是有点儿闷热，孩子们刚在露天平台运动了一会儿就出了许多汗，于是我们组织孩子坐在软垫上稍作休息。莉莉是前几个来到软垫旁的孩子之一，只见她随手把长长的头发散开，披在了肩上，同时把脚上的鞋子脱下，一下子躺在垫子上开始享受了。其他孩子听到老师的招呼也陆陆续续过来休息，只听莉莉大叫起来："你为什么拉我的头发啊？""我又没拉你头发，我没地方坐了。"碰到他的孩子马上解释起来。莉莉嘟着嘴还是保持刚才享受的姿势，没有意识到休息的孩子开始多起来了，自己这样躺在软垫上占地太大了。孩子们纷纷议论起来，"你这样躺着我们没法坐了"，"莉莉，请你快坐起来吧"。我的搭班老师见状立刻走了过去："莉莉，很多朋友都玩得有点儿累了，请你让一半座位给其他朋友坐一会儿好吗？"莉莉还是不高兴地说："他们刚才有人拉我的头发，我才不让你们坐呢！"

我不爱睡觉

莉莉每天的午睡可是我们最为头疼的事，刚一睡下去她就会叫"我要小便啦、我流鼻涕了、我很热、我要把袜子脱掉……"每天都会变着花样提要求，这样不但影响了其他小朋友正常休息，有时我们参加教研活动时请阿姨或其他班的老师看午睡都拿她没辙，一不满足她的小要求，莉莉就大声地喊"我不爱睡觉"。

这是我的书

孩子们自由阅读的时间，各自到书架上拿了自己喜欢看的书，只见莉莉走到明明那儿，把他正看得津津有味的书一把抢了过来。明明说："这是我先拿到的书。""这是我的。"莉莉毫不示弱。我看到了，轻轻地在莉莉的耳边说："莉莉，书架上还有许多好看的书呢，你看有你喜欢的《动物百科》，再不选的话等给其他朋友借走了。"她似乎有点儿心动，看了看书架，还是不放开明明的那本书。我又给了她另一个建议："等一会儿我们要做和动物有关的小游戏，《动物百科》可以给你很多帮助哦！"可是最后莉莉还是拿走了她要看的那本书，明明只能和别人合看。虽然她看到了自己想看的书，可是她并不开心，离开座位发起脾气来，一会儿跑到二楼的卧室，又一会儿跑到门外站着……

分析：

从以上几个事件中可以看出莉莉有一些不良的行为，在和她父母沟通后了解到莉莉父母对孩子管束较严，并且缺少沟通。莉莉的父母平时工作比较忙，很少照顾她，更别说和她交流了。孩子犯错了就将她暴打一顿，慢慢地使孩子内心产生紧张和压抑感，而这种情绪会给孩子造成不良影响，逐渐养成了自私任性、心中没有他人的不良习性。其实这样的孩子，更需要有人去关爱她、宽容她，需要有人去真诚地对待她。

措施：

1. 我的好妈妈

莉莉每天午睡睡不着，我总会在她身边陪着她，天热的时候给她扇扇风，天冷的时候给她盖好被子，和她说说悄悄话，让她感受到在幼儿园老师就像妈妈一样。一天，她在悄悄话信箱中写了一封信给我，我打开信时看见她画了无数颗爱心，相信莉莉也渐渐感受到我对她的爱了。

2. 我要做妹妹的好姐姐

莉莉把我当成"妈妈"后，一天放学时我把自己两岁多的女儿带到班级里，有意让莉莉当大姐姐陪她一起玩了一小会儿。每天午睡前我和莉莉又多了一个话题，就是家中的小妹妹。我会用妹妹的不懂事提醒莉莉要做个好姐姐，给妹妹做个好榜样，如果莉莉能管好自己，我会带妹妹再来看她。

3. 表扬信

只要莉莉一有好的表现，我就会在悄悄话信箱中给她写表扬信。一次是把爱心贴纸放在信里，莉莉收到信后向小朋友炫耀了好几天。由于莉莉视力不好，妈妈不给她看电视，我知道她很喜欢看电视，我会把一些"达人秀"里的比赛片段用手机拍下，让她进步时可以看看，作为小小的奖励。另一封表扬信是写给她妈妈的，在妈妈同意的情况下给她看10~15分钟的电视节目，作为精神鼓励。莉莉对我的表扬信真是又爱又期待！

4. 明星值日生

其实莉莉是个很有心的孩子，一次给女孩们梳头，那把梳子用得不是很顺手，我随口说了一句："这把梳子梳头发真不方便。"没想到第二天，莉莉就从家里把她自己梳头的梳子带来给我，我意外地问："你为什么带梳子来呀？"莉莉说："我想让你梳头发的时候方便一点，小朋友们梳出来的头发也漂亮点。"我一下子把莉莉搂到了怀里，表扬她是关心集体的好孩子，莉莉显得有点儿不好意思了。

就因为这样，在推选明星值日生的时候，莉莉也荣幸成为候选人之一，不过她的票数不多，才十票。为了鼓励她，我和搭班老师都给她投了票，莉莉终于当选为明星值日生。也许对于莉莉来说，这是老师和同伴对她最好的肯定，她开始渐渐地关心起集体，有不开心的事也会和老师、大人分享，不会用哭闹或打人来解决问题了。

半年来，莉莉已有了可喜的进步，她逐渐融入集体，并越来越爱集体。早上来园时很有礼貌地向老师问好；和小朋友能友好地相处；在DIY手工坊她会和几个小伙伴合作，用各种废旧的材料自制一个大恐龙；有时还主动帮忙清洁教室、给小朋友讲故事……

思考：

首先，积极正面引导。用积极的因素去克服消极的因素，因势利导，使孩子在原有的基础上获得发展，而且是富有个性化的发展。不论孩子的大小，他们都是实实在在的一个人，这就是说我们要尊重孩子的人格，与孩子平等相待，保护孩子的自尊心，用欣赏的眼光、鼓励性的话语真诚而积极地评价孩子。

其次，培养孩子的自控能力。如可根据他的特点设计一些感兴趣的游戏活动，来促进孩子自控能力的发展。就像我在和莉莉的沟通中，我经常采用交谈的方式，建立与莉莉超越师生之间的情感。我也会时常利用一下她乐于助人的品质，帮我拿一样东西、中午就餐时让她帮我分餐具等。她既得到帮助别人之后的喜悦，又得到老师对她的关注。

最后，可以通过与家长的沟通，使家长认识到自我意识培养的重要性。家长以更积极的态度面对孩子，给孩子以良好的榜样，让孩子在模仿父母的过程中，学会认识自我，评价自我，控制自我，形成了良好的自控意识。引导家长用恰当的语言正确评价自己的孩子，发现孩子的优点，及时给予鼓励，找出孩子的不足之处，给予指导帮助，使孩子全面发展。

总之，老师要热爱幼儿，了解幼儿，对幼儿不同性质的不良行为采用灵活的引导教育方法，使幼儿尽快改正不良行为，使孩子的独立性、不畏困难的精神、健康自我意识等良好个性积极、全面地发展。

延伸与讨论

　　在你的班级中遇到过这样的孩子吗？如果有，你是用什么有效的方法帮助他的呢？怎样对这样的孩子进行心理补偿教育，如何采取环境和行为矫正的方法，使他们健康地成长呢？

（上海市实验幼儿园　汤　瑾）

9. 越来越棒！

棒棒是我上一届大班刚毕业的孩子，小班家访时听到名字我就对他的印象特别深刻。三年时间的相处，我和棒棒由陌生到熟悉，由师生到朋友，过程既简单又复杂，既曲折又顺畅，和大家一起分享几个故事哦！

小班："我就坐在这！"

小班开学第一天，孩子和家长分离时哭闹是正常的，棒棒也是其中之一。他没有上过亲子园和托班，见到妈妈要"丢下"他离园，他"慌张"地紧紧抓住妈妈的手提包带，可是最终妈妈还是离开了他的视线，只留下他和其他小朋友在一个五颜六色的空间里，眼泪"哗"地止不住了。见状，我立刻带他到"娃娃家"区角中转移他的注意力，果然他被"娃娃家"荷叶形小凳子吸引住了，坐上去就不哭了。看他情绪稳定，我就请他和小朋友坐一起。可他一离开小凳子，突然就很"慌张"地又哭了，我赶忙将他再送到"娃娃家"的小凳子上。咦？又不哭了！一天下来，除了吃饭、睡觉、上厕所，他都没离开小凳子。第二天，棒棒和昨天一样，入园又开始哭闹，我直接就将他带入"娃娃家"，嘿！和昨天一样，也不哭了！不过，下午的时候开始想玩玩具了。第三天入园，妈妈一离开，他就自己主动坐到"娃娃家"了，看来棒棒对"娃娃家"情有独钟。到了下午，他午睡起床后又来到"娃娃家"，发现"娃娃家"好像有什么不一样了，原来和小朋友之间有道隔墙，现在怎么没有了？哈，我把"墙"给拆了，这样他就和小朋友们是在"一个空间"里啦！后来，看到小组的小朋友在玩玩具，我轻轻一说，他就高兴地和同组小朋友一起玩了。第四天入园，已经不用坐在"娃娃家"了，直接到小组中去玩了。

如同大部分小班小朋友一样，对棒棒来说，幼儿园就是一个陌生的

098

环境，本能地排斥它，我们就事先在班级创设了和家庭环境较相似的区域——"娃娃家"。当孩子对"娃娃家"由熟悉到依赖时，我们又把"娃娃家""破坏"了，和集体没有了空间距离，那心理距离也就慢慢拉近了。小朋友对陌生环境的适应需要一个过程，成人不要急于让他们去适应，而要循序渐进地创造合适的外部环境和心理环境，让他们从害怕到不害怕，从陌生到熟悉，从被动到主动，这样就顺利地度过"焦虑期"了。

中班：我是"吃饭大王"

中班的时候，棒棒绘画、手工、语言表达能力等各方面都很强，可是一到中午吃饭就犯难了，吃饭慢和挑食是最主要的原因。如果幼儿园吃芹菜或香菇的话，那棒棒中午的那顿饭肯定又是吃到最后，最后不得不由老师喂完。这个问题该怎么解决呢？一个主意在我的脑海中萌生：评选"吃饭大王"！我在班级设置了一块"吃饭大王"墙面，规定"吃饭大王"的条件是：（1）安静；（2）快速；（3）干干净净。在规定时间内，自己独立吃完饭的小朋友都可以将个人照片贴在"吃饭大王"下面。不过，由老师喂饭的小朋友或吃得太慢的小朋友可都没有机会参与评选哦。刚开始，我用纯物质奖励：每天，当上"吃饭大王"的小朋友会得到一颗糖；接下来，我用代币制奖励，每天老师会在"大王统计表"中做好记录，但只发小贴画，周五再发糖；后来我采用了累积代币制的方法：到了周五，根据每个小朋友获得一周"吃饭大王"次数的多少，相应地给予糖果奖励，具体是 1~2 次"吃饭大王"奖励 1 颗糖果，3~4 次"吃饭大王"奖励 2 颗糖果，5 次"吃饭大王"则奖励 3 颗糖果。最初棒棒对于每天获得糖果奖励是十分高兴的，至少一周可以吃几次呢，可是当累积代币拿糖果时，发现想多得到糖果就不容易了，但一想到如果拿到 3 颗糖就可以和爸爸妈妈一起分享时就又有干劲了。毕竟那是自己努力得来的啊！

在幼儿园想让孩子们好好吃饭，仅仅口头表扬对个别孩子似乎没有作用了，于是我改了措施——将进步"可视化"。不但有直观的"大王墙"，还有相应的奖品。根据班级的具体情况，我把评价标准的难度逐步递增，让孩子们"跳一跳，摘苹果"，难度的增加给孩子们带来了挑战，也带来了不一样的乐趣。这种循序渐进的形式对于小朋友来说，不但可以得到物质奖品，更重要的是从中感受到"自己努力并获得成功"的快乐。孩子能看到自己的进步，更多地感受成功的喜悦。对于棒棒来说，"发现"自己吃饭快了，是一件多么高兴的事啊！

大班："输"，没什么大不了！

棒棒到了大班，能力见长，脾气好像也跟着长，尤其是与别的小朋友一起游戏的时候，如果没赢就一定不高兴。一天下午区域活动，棒棒和天天在一起玩算术接龙竞赛，天天很快就找到了所有答案是"3"的算式卡，比棒棒多两张，棒棒不甘心地说是天天赖皮，还推了他一下。天天也不服气了，大声说："你就是输了！"棒棒生气地将算式卡用手拨乱，"再也不和你玩了！"两个小伙伴僵了。我走过去说："是棒棒不服气啊！这样吧，你们再来赛一次，这次是找答案是'4'的题卡，我来当裁判。"说完，两人整理好材料都开始找起来，不一会儿，结果出来了，天天还是比棒棒多了三张。这时我发现棒棒不说话了，低着头，抿着嘴唇，双手绞动着，他心里一定很失落吧。我对天天说："看来天天在数学方面很强哦！"天天自豪地笑着。我又对棒棒说："棒棒你哪方面比较强呢？"棒棒还是不说话，天天倒是开口了："棒棒画画最漂亮！比我画得好！"我又问棒棒："哦，是吗？"棒棒抬起头来看我，嘴角闪出一丝微笑。我又说："天天的数学很强，你愿意帮棒棒提高数学吗？"天天说："愿意。"我又问棒棒："棒棒，你愿意在画画方面帮助天天吗？"棒棒点点头，我把他们两个人的手放在一起说："好了，你们都有自己弱的地方，也有自己强的地方，现在你们联手，就是数学高手加画画高手啦！还怕输吗？"棒棒像悟出什么似的，摇摇头："不怕。"下午的区域活动我发现两人开始一起研究算式题卡了，不时还笑出声来。

这就是"好胜"的一种表现，他心里清楚可又不服气。孩子的内心其实也是比较敏感脆弱的，随着年龄的增长，"秘密"也会越来越多。如果成人只是从表面解决问题，问题只会越解决越多，不如静下心来，放下身段，用心去倾听他们的心声，把话语权还给孩子，不要急于改进，分析"秘密"深处的根源，再打开"心结"，会不会更好一些呢？

棒棒从小班到大班，个头长高了，身体长壮了。现在的他喜欢和小朋友一起游戏、玩耍，也喜欢和老师在一起聊天。以前不管遇到什么困难，先是不敢和老师讲，慢慢地敢告诉老师，现在，他已经开始尝试自己去协调解决困难，尤其是和同伴的相处方面，比以前更自信，更勇敢，更乐观了。如今，棒棒已经上小学一年级了，有时间还会经常来幼儿园和我谈谈，他交了一个"大朋友"，我也因有这么一位"小朋友"而倍感欣慰！我相信，棒棒会越来越棒！

延伸与讨论

    选取一个你印象深刻的孩子，回忆他整个幼儿园的成长历程和你所付出的教育努力，讲述你和孩子成长的故事并反思自己的教育行为，与同伴交流分享。

（安徽师范大学附属幼儿园 杨瑞凤）

延伸与讨论指南

主题词：顽皮的孩子（1. 顽童更要关注　4. "小捣蛋"变成"小可爱"）
- 顽皮是孩子的天性，但过度的顽皮则各有原因；
- 多想想顽童可爱的一面，因为你多一点宽容，他就多一份阳光；
- 不要放弃规则，规则也适用于顽童。

主题词：爱哭的孩子（2. 智取爱哭的孩子　9. 越来越棒！）
- 大人还哭呢，何况孩子，哭是一种正常的情感流露；
- 如果很能哭的话，不妨找个单独的地方让孩子尽情哭，让阿姨陪着；
- 等哭完了，再聊一聊，再讲讲道理。

主题词：唱反调的孩子（3. 找到"好孩子"的感觉）
- 唱反调是所谓的第一逆反期，也是孩子独立的表现吧；
- 表面不合群，实则渴望融入，关注孩子内心的缺失；
- 用心感化，那些最反对的，一旦攻克了，往往就是最拥护的。

主题词：小气的孩子（5. 孩子并不缺少"可爱"）
- 小气是自我中心的体现，也是宠爱的后果；
- 私人的物品是有小气的权利的，公共物品当然不能占为己有；
- 分享与合作是社会化的过程，不会一蹴而就。

主题词：攻击性强的孩子（6. 咬人的城城）
- 既有个性使然，也有家庭原因，分析原因；
- 不要贴标签，这反而会强化攻击行为；
- 攻击同伴会受孤立，孩子是需要同伴的，这是矫正的突破口。

主题词：霸道的孩子（7. "小霸王"转变记　8. 越来越爱上幼儿园）
- 小霸王越来越多，要反思家庭和社会的原因；
- 要坚持原则，尤其是在集体中，不能放任；
- 不能以"大霸王"对"小霸王"，要以柔克刚。

第四辑　打开自信之门

　　他们是幼儿园中一群沉默的孩子。胆小怯弱，缺乏自信，羞于表达，渴望关注。在他们柔弱的背后，也蕴藏着成长的力量。

1. 打开自信之门

自信，对于一个人的发展来说非常重要，它能最大限度地挖掘出人的潜力。然而，在每个班里总有几个幼儿不够自信，我们班的清清就是其中之一。区角活动时，他常常一个人玩，很少主动找同伴合作游戏；集体活动时，他虽然很专心，但是很少主动举手发言，偶尔我请他发言，他的表情和肢体动作都表示出他的退缩和害羞。因此，清清给人的印象就是：沉默、胆小和不自信。怎样帮助清清逐渐打开自信之门呢？

一定要完成的任务

开学迎新周的混龄活动中，需要我们大班每位幼儿带领一位小班幼儿共同制作班牌中的花朵，并给小班幼儿表演节目。我觉得这是一个很好的推动清清大胆表达的机会。于是，在活动开始之前，我就悄悄地对清清说："清清，今天和弟弟妹妹一起完成一个任务，你一定可以完成的！"他忽闪着大眼睛朝我点点头。

当活动进行到制作班牌的环节时，我就发现清清开始有些犹豫了，他不像其他同伴那样径直朝弟弟、妹妹走去，而是低着头像是在思考问题。此时，我走到他身边，对他说："清清，这是一定要完成的任务，千万不能退缩！"说完我还朝他握了握拳头，表示给他加油的意思。他看了看我，终于，他鼓足勇气走到一个弟弟面前，对他说："弟弟，我来教你做花朵吧。"

虽然我没有走上前去直接帮助他，但是我一直用坚定的目光回应着清清，当他和弟弟共同制作了许多花朵时，他高兴地朝我露出了甜甜的微笑。

面对不自信的清清，我一边采用鼓励的态度，一边又以"任务"意识来督促他的行为。因为，我觉得面对胆小的幼儿单单依靠鼓励还不够，有的时候还需要一些"硬规则"的压力，在"压力"之下，能激发幼儿的行动意愿。

我知道，我知道

清清虽然不太自信，但他却是一个细心的幼儿。我想，是不是可以利用他的这个长处来激发他自信的表现呢？几天后在"方脸和圆脸"的集体活动中就产生了这样的机会……

老师：你们看方脸公公听说圆脸婆婆要分家，方脸公公他会有什么感受呢？

幼儿：方脸公公很害怕。

老师：你从哪里看出来的？

幼儿：看，他急得都流汗了。

幼儿：看，他嘴巴张得这么大，好像一点办法也想不出了。

幼儿：眼睛也瞪出来，就是没有办法的样子。

老师：对，这个表情可以用一个成语来形容，谁知道？

（大家一片沉默）

清清：我知道，这叫目瞪口呆。

老师：对，目瞪口呆。清清能把平时学到的成语记在心里，真不错！来，清清，你来学学这个表情。

清清很自然地模仿起目瞪口呆的表情，许多幼儿纷纷效仿清清做起了这个表情，清清很自然地和同伴比赛，看谁学得最像。

自信本身就源于优势，有优势才会产生自信，每个幼儿身上都会有不同的优势，寻找幼儿身上的长处，适时的鼓励是帮助幼儿建立自信的最好的方法。清清是个知识经验比较丰富的幼儿，如果能运用适当的机会发挥出他的优势，一定会激发他大胆地表达自己想法。

我也来表演小白兔

两个星期后，在"经典达人秀"的活动中，每个班要出一个表演节目。我们班选定文明礼仪这个切入点，拟定了"买礼貌的小猴"这个剧本。现在，剧本、道具一切都准备就位了，就差我们的"超级明星"了。这个故事的主角是"小猴"，当然喽，报名应征"主演"的幼儿还真不少。我发现清清竟然也举手了，他壮着胆子说："老师，我想演小白兔。"要知道，小白兔虽然不是"主角"，可也是个戏份颇重的"男二号"啊！而且，这毕竟是一次年级组活动，所以在答应清清前，我犹豫了。但是想到清清因为前几次的"良好表现"终于开始对自己有了信心，我怎么忍心拒绝他呢？于是我"硬着头皮"答应了。想知道最后的结果怎么样吗？清清那天表演的"小白兔"真的很棒，甚至堪称为"亮点"。上台表演时不但没有紧张，而且两只小手始终放在头上假装是兔耳朵，甚至有很多即兴的表演。比如"小白兔"因为听了"小猴"的话竟然吓得倒在地上，惹得观看表演的幼儿哄堂大笑。清清对自己的表现也很满意，我似乎看见清清就像一个小明星般透出自信的光芒。反倒是"男一号"小猴出状况了，这真让我始料未及。是啊！一群机灵的小鬼头，怎么能算准他们的突发状况呢！

活动结束后我给了每名幼儿一个紧紧的拥抱，由衷地赞赏他们的表演，并将当天表演拍下的照片和视频拷贝了一份给各位家长。当晚清清妈妈打电话给我，从声音中我明显感觉到她内心的快乐与激动。

虽然，这只是一个游戏中的小镜头，并不是清清非常自信地在集体面前的表演，然而我却觉得弥足珍贵。这是一个幼儿建立自信的开始，他愿意和同伴一起用表演的方式编故事情节，就已经跨出了自信的第一步。但是，要知道清清扮演小白兔这不只是一个"决定"而已，作为教师要清楚自己的目的。比如，我的目的是让清清对自己有信心，敢于在集体面前展现。为了这个目的，我要有所"顾忌"，并尽可能排除一些影响清清发挥的不利因素，润物细无声地帮助幼儿效果更好。此外，家园配合尤为重要，所以在我决定让清清扮演小白兔后，我和清清的家长进行了沟通并把剧本给了家长，希望家长能在家和清清一起练习。在练习熟练后，可以先表演给家里的长辈看，效果不错后，可以让清清邀请朋友或是邻居来观看自己的表演，让清清提前适应在众人面前表演。经过几轮这样的演练，在幼儿园的年级组活动中，清清的出色表现虽在意料之外，但也在情理之中。

分析和反思：

1. 教师不要急于求成

教师应给幼儿一个宽松和自主的环境，不要因为幼儿不愿表达而着急，也不要总是先给幼儿集体亮相的压力，因为教师的急切心情和情绪，会让幼儿更加紧张，更不敢大胆表达。所以，教师一方面要注意观察幼儿的表现，另一方面又不能要求幼儿马上改变，而应该循序渐进地力求从正面寻找解决问题的有效方法。

2. 采用有效方法鼓励和支持幼儿

当幼儿沉默不语时，要采取适合幼儿的方式方法。比如利用上述案例中的"任务意识"督促幼儿跨出第一步，让自信从外在行为练习开始，且更重要的是教师要了解和放大幼儿的优势和长处，设计一些他们感兴趣或拿手的活动，让他们在自然表现中找到自信。对清清而言，发挥认知优势就起到很好的作用。

3. 特殊的教育和帮助是必须的

在任何一个班级中，幼儿自信心的强弱都存在明显的差异，教师的责任就是要注意发现这种客观存在的差异，及时发现自信心较弱的幼儿并给予教育和帮助，使每个幼儿的个性都能得到健康的发展。温暖、和谐、愉快的家庭环境和自立、自主精神的早期培养是形成自信心的前提。

延伸与讨论

> 现在的独生子女，事情大多是家长包办的，这是不是会影响幼儿的自信心？幼儿自信心的形成和发展是不是也有关键期呢？结合工作经验，举例与同伴交流分享。

（上海市浦东新区张江经典幼儿园　曹　瑾）

2. 表扬我吧

新学期开始了，班级中"我的心里话"版面陆续收到了孩子们的心里话卡片。每一张我们都认真地阅读。这时，一张卡片跃进我的眼帘，不是因为卡片的精致，不是因为童言稚语的可爱，而完全是因为那段话中恳求的语气。

"亲爱的老师：你们好！我会……请你们多表扬我。我也会……我会做得很好的。请老师也多多表扬我。我最喜欢老师的表扬了！"

这时，一部喜剧电影《求求你，表扬我》跳进我的脑海。喜剧中范伟扮演的建筑工人为了一个表扬纠缠着王志文扮演的报社记者。那种执着或者执拗，就是导演设下的一个悬念。"一个表扬就那么重要吗？"这是剧中许多人的疑问，也是观众的思考。

写这段话的这个大眼睛的中班男孩叫天天，给我的第一印象是乖巧。他的两只大眼睛扑闪扑闪地望着你，像是要看进你的心里。而你望向他时，他的眼睛又会很快地逃开，让我想起受惊的小鹿。我私下想，这是一个没有自信心的孩子。

情景一

早上来园，他躲在妈妈后面，妈妈解释说他这两天胃口不好，请老师帮他午餐少盛点。我蹲下来把他搂在怀里，说："胃口不好，你下次自己和老师说好不好？总是胃口不好，怎能强壮呢！"我调皮地做了个强壮的姿势，他腼腆地点点头笑了，这才放心地和妈妈说"再见"进了教室。我心里明白这个瘦弱的孩子是为了吃饭快才要求少盛饭的，于是，午餐时我特意在全班孩子面前说："今天我们班天天、小米、晶晶几个小朋友吃得又多又干净，桌面、地面、衣服上一粒米都没有。我们要向他们学习哦！"下午吃点心时，阿姨特意问他要不要少点，他爽快地摇头拒绝了！

情景二

学习活动，我提出了问题，孩子们纷纷举起手，还有的孩子喊着："老师，我，我！"我环视了一下，又是这样！他犹豫地举起手至耳边，当碰上我的目光时又半蜷着手指变成拳头，放了下来。看着他举起又放下的手，我微笑着鼓励他："天天的大眼睛好亮，我知道他一定知道答案的，也很想把这个答案告诉大家，是吗？"他犹豫了下，才又小心翼翼地举起手来。"我们请天天来回答吧！"他站了起来，用蚊子般的声音说道："小青蛙睡觉去了！"后面的杰瑞小朋友在发牢骚："声音那么小！听不到呀！"天天把头埋得更低了！我没有理会，"哦，原来是小青蛙睡着了，你听得真仔细。就是回答再大声一点就好了，其他小朋友就都能听到你的答案了！"他抬起头，大眼睛闪了闪，然后使劲地点了一下头，坐了下来。接下来有一些简单的提问，他迎上我鼓励的目光愿意主动举手了。

情景三

"陈老师，你看天天呀！"搭班的王老师又向我抱怨了。从他吃完点心到现在已经有两三分钟了吧，他还是拿着区域牌晃来晃去，不知选择哪个区角。王老师忍不住了："天天，你到底要在哪里玩呀？怎么还没有选好？"天天显然是受惊了，匆忙地走到"宝宝书吧"把区域牌插好，还偷偷瞄了瞄我们，惊魂未定似的。

我笑着说："王老师，别着急！没事的！"然后轻轻走到天天面前，拍了拍他的背，"坐下来，告诉陈老师，你最喜欢我们班的哪个区角游戏啊？"他看了看我，嘴唇动了动，却没说什么。"没有最喜欢的呀？那陈老师可真失败呀！"我半开玩笑装作委屈地说。"我最喜欢汽车城。"他挤出一句话。"哦，汽车城呀！我也很喜欢的。可是每次都被豆豆他们抢先进去了，陈老师都挤不进去了。""嗯。牌子插满了！"他怯怯地说。"那这样吧！你今天如果回答问题声音响一些，陈老师答应明天帮你预留一个汽车城的牌子好吗？""好的。"他爽快地答应了。这一天的学习活动中和小新闻播报活动中，天天的声音明显大多了。第二天我也履行了我的承诺。接下来天天表现很不错的时候我就会给他一个表扬或奖励：或者值日生，或者最爱的一本书，或者一个游戏优先选择权。天天也在这小小的甜头中逐步和我亲近起来，少了些胆怯和敬畏，多了几分信任和自信。

情景四

已经和天天妈妈商量好，让她周末先教孩子用手工纸折小汽车。周一晨间谈话活动时，孩子们就叽叽喳喳地分享自己的周末生活。"天天，听说你周末在家学了新本领，是真的吗？"我故意好奇地问道。天天使劲地点了点头。"那是什么本领呀？"天天拿出了自己折的小汽车。"天哪！这个老师都不会！你竟然会折！教教我们吧！我们都很想学的！"孩子们也都纷纷表示赞同。于是我为大家分发已经准备好的手工纸，天天成为我们的小老师。有不少的小朋友折到一个步骤的时候不会，都会叫："天天，你来帮帮我！""噢，你等我一下。我在帮豆豆呢！"看着天天忙碌地穿梭在小朋友中间，那份自信和愉悦跃然于脸上。

分析与反思：

这样的孩子，是缺乏自信心的，内心是敏感的。面对这样的孩子，着急只会让孩子更有压力，生气也只会使孩子更胆怯，批评可能会适得其反，漠视更不是我们该做的。对他，对这样的孩子，我们能用的是表扬，也只有表扬，但表扬分为很多种：

1. 因人而异的表扬

每个孩子都渴望得到表扬，但也不能"一刀切"。对于天天这样自卑胆怯的孩子可以多给予些关注、表扬和鼓励，让孩子得到身心的愉悦和满足，使自信心、自尊心、上进心都有所提升。但是对于有些能力强的孩子，过度的表扬却会让他们骄傲，应该适度地和批评、榜样示范等其他方法一起使用。

2. 公开的表扬

孩子们也有自己的自尊。他的优点让更多的人知道，他会更有自信。所以如果教师当着全班小朋友或者是家长的面表扬他，他会更有成功感，也会在下次继续维护自己的这种形象，甚至会强烈地要求做全班小朋友的榜样。

3. 具体的表扬

表扬并不是简单的"你真棒！""真聪明！"表扬要具体。"你说的这个办法别人都没有想到，你可真聪明！" "×××小朋友画图的时候总是画得大大地撑满了画纸，很有大师风范哦！" 要让孩子明白自己哪些方面做得好，别的孩子也可以学习。另外要去挖掘一些平常大家不注意的优点，表现出教师的独特眼光，让孩子得到一些新的肯定，效果会更好。

4. 形式多样的表扬

表扬不局限于口头表扬，不局限于在班上表扬，可利用一切机会，采用多种形式进行表扬。我们可以以眼神、拥抱、微笑等亲近行为表扬孩子；也可以以糖果、贴纸等实物进行表扬；也可以奖励游戏优先选择权等；还可以制作小的表扬信、奖状等奖励孩子。不同形式的表扬更有利于增强孩子的自信心。

在分析孩子的个性后，我们耐心地与家长沟通，然后和班级老师商量，对这个孩子要有十足的耐心，充分挖掘孩子的闪光点，尽量肯定孩子的一些优秀行为，并多在集体面前表扬他，让他也得到同伴的认可和肯定，逐步地树立起对自己的信心。

渐渐地，我们发现这个孩子身上的优点：他善良、细心、小肌肉精细动作发展很好，也很绅士。我们平时幽默地和他开玩笑，让他逐步放松，不再紧张，进一步慢慢地信任我们，喜欢我们。同时我们还多给他表现机会，让他发现自己的优点。慢慢地，天天胆子大了，也自信多了。

延伸与讨论

在你的班上是不是也有这样不自信、胆小的孩子？你采取了何种有效的措施促使孩子进步？你运用了哪些表扬方法提高这些孩子的自信心呢？请举例说明并与同伴分享交流。

（上海市实验幼儿园　陈春莲）

9. 点燃自信的火种

俊杰，黑黑的小脸儿上两只葡萄般明亮的大眼睛忽闪忽闪的，有种迷人的帅气。但他却很少说笑，也很少下位走动，特别专注于做自己的事情。老师提醒他跟邻座的小朋友玩游戏，他也始终只是个旁观者。

活泼自信是一个孩子健康成长的基石，作为教师，如何使那些平时不善言语、不太合群的孩子摒弃羞涩，勇敢地与大家快乐成长？我陷入了深深的思考中。这个拒人于千里之外的孩子，到底用什么样的方法才能使他活泼开朗起来呢？我对俊杰进行了跟踪观察与研究。

妈妈眼中聪明活泼的他

放学的时间到了，俊杰的妈妈来园接孩子，我主动跟她进行了交流。我说："小杰在园挺乖的，对同伴友善、礼貌，老师很喜欢他，不知道在家里表现怎么样？"

妈妈得意地夸赞："他在家里可神气了，还经常把在幼儿园里学的儿歌说给我们听呢。"

我很惊讶："噢？他在家里能很大方地说儿歌吗？"

妈妈说："是啊，假期里你们发的书，他经常拿出来看，上面的儿歌他都会说，高兴起来还拿话筒在家里唱歌呢。"

我笑了："我们就希望看到他这样活泼，只是他在幼儿园还不太大方，可能是在很多孩子面前他紧张吧？以后我们会逐步锻炼您的孩子，让他在园在家一样可爱？"

可是，孩子在家与在园判若两人，原因何在？我想，是不是因为家庭给了孩子一个安全的空间，孩子在家里毫无顾虑，展现的是一个真实的自我。从谈话中可以看出在妈妈眼中，小俊杰是出色的、令妈妈骄傲的孩子。妈妈对孩子的赞扬给了俊杰信心、勇气、自信，所以孩子在妈妈面前乐意表现。

做小帮手时牛刀小试的他

今天的副餐是红豆粥，我特意把碗、勺子放在刘俊杰那一排的桌子上，开始盛粥。

"刘俊杰，你来帮老师放小勺子好吗?"我说。

刘俊杰听了，迟疑了一会儿，诧异地看着我，那神情好像在说："老师，您是在叫我吗?"

我微笑着示意他过来，边示范边说："把小勺子轻轻放进盛好的碗里就可以了。"

刘俊杰听后很认真地往碗里放了一个个勺子，看了看我，好像在问："是这样吗?"

"对呀，就是这样。"我肯定地向他点头。

接着，他做得好极了，动作娴熟地把勺子放进一个个小碗里，神情开心而又投入。小勺子都放齐了，我蹲下身，由衷地对他说了声"谢谢"。

孩子们都分到了小碗开始吃。今天的红豆粥又香又甜，非常可口，等孩子们吃完了，我问全班小朋友：

"你们知道今天每个小朋友碗里的勺子是谁放的吗?"

大家用响亮的声音异口同声地说："刘俊杰——"

"那我们一起感谢他好吗?"我提议。

"刘俊杰，谢谢你!"全班小朋友呼应。

刘俊杰有点儿不好意思地咧开了嘴，羞涩地笑了。

每个孩子心中都有被接纳被认同的需要，当孩子在完成一件由老师交给他做的事情的时候，心中的那份骄傲与自豪是不言而喻的，因为这里包含着老师对他的信任。放勺子这件事再简单不过了，孩子做得那么认真、快乐，老师适时的引导、及时的鼓励，让孩子得到了认同感，从而帮助其建立了自信心。小俊杰会在心里想：我多棒呀，老师、小朋友们都在夸我呢。我以后应该做得更好! 这一整天孩子在园的情绪都因此而快乐、积极。

游戏活动中日渐合群的他

下午，是孩子们区角游戏的时间，不少孩子想去新开的"肯德基"，谁愿意去做收银员呢？"老师，我愿意！""我要去！""老师我去，我会招待客人！""好吧，笑笑、豆豆、立立你们三个去做收银员，对顾客一定要微笑啊！"这时，我又留意了一下俊杰，从他热切的眼神便可知他好想去啊，但他始终没有举手。这孩子！很多孩子都去"肯德基"买喜欢的食物了，他还坐在位置上，真让人着急。唉！我忽然灵机一动，让俊杰去做实习生吧。于是我拉着俊杰来到"肯德基"对三个营业员说："你们好啊！看你们三个人挺忙活的，给你们派个实习生吧。俊杰，你好好跟他们学！"说完我就走了，在一旁留心观察。

豆豆："刘俊杰，快拿包薯条。"

俊杰先是一愣，忙拿了一包递上。

笑笑："快，倒两杯牛奶，别忘了放两根吸管。"

俊杰还没反应过来。

笑笑又说了一遍："刘俊杰，快点儿，别让客人等着。"

俊杰忙笨拙地把两杯牛奶送上。

这样反复几次，小家伙灵活多了。有时还能学着客气地跟客人说"欢迎下次再来。"我心里暗自高兴。

该我去逛逛了。我到"银行"取了些"钱"去了"肯德基"。一见俊杰就说："请你给我一杯可乐、一个汉堡。"

"好的，您稍等。"立立很职业地微笑着。连忙过来照应，又示意俊杰去取。

俊杰按我说的取好，还放上了餐巾纸，立立在他耳边说了些什么，他低着头走到我面前羞涩地说："您慢用！"

听他这样对我说话，我好开心，端起托盘，说了声："你们的服务还真周到。俊杰，谢谢你，好好干，你会成为'肯德基'正式员工的。"

俊杰又笑了，看了看立立、豆豆、笑笑，他们都笑了。

游戏是孩子学习的重要途径，在游戏中孩子可以从同伴身上学习到很多对自己有益的东西，这次做"肯德基"实习生则给了他这样的机会。当孩子有了这样的一个学习的平台后，宽松开放的游戏环境让他一下子就释然了，情绪被热情主动的同伴调动起来。他的行动虽然慢了些，语言表述虽然简短了些，但这已然是可喜的进步了，以后的游戏中他都能快乐地与大家融为一体了。

三年的幼儿园生活中，俊杰身上发生了很多个故事，尽管有时他还会流露出羞涩，但他不再是孤零零一个人了，在幼儿园他拥有很多好伙伴，这让他每天都开心快乐，并常常收获成功的喜悦。大班毕业典礼时他参加了时装秀"魅力童真"节目，我用废弃的塑料袋为他设计了一款环保服饰，个子小小的他经过了一次次刻苦的排练，步伐逐步从容洒脱。毕业典礼上他踏着动感的节拍，身着奇特的环保服饰，自信满满地秀出了自己，在场的每一位观众都为他的精彩表现喝彩。最后，就连他的妈妈都激动地一把抱住俊杰，感叹："儿子，你太棒了！"

老师的关注、同伴的肯定给了孩子自信的火种，这颗火种在他幼小的生命里萌芽了，作为教师我们不会一直陪伴他成长，但蕴藏在他心田的自信的种子会源源不断地供养他更多的快乐阳光。

延伸与讨论

1. 你深入关注过安静羞涩的孩子吗？你是怎样走进羞涩孩子内心的？你试着接受他们时，他们的反应如何？你有哪些好的建议？

2. 我们是否要更加关注男孩子阳刚自信心理的培养，你有这方面的经验或成功的案例吗？

（江苏省姜堰市第二实验幼儿园 窦海芳）

4. 在我这里

"老师，我的米老鼠发夹不见了……""老师，我的画笔不见了……"类似的投诉在这些日子此起彼伏。最近，班里常常出现物品丢失的情况，还没等我这个"侦探"进行破案，就有人主动"自首"了："老师！老师！在我这！"循声望去，是可儿。她小跑到她的柜子旁，把所丢失的物品完好地交到我的手里。令我不解的是可儿稚嫩的脸上却没有露出丝毫愧疚之色，反而像是有所期待，还带着些许的自豪。这种情况连续出现了几次，其中甚至还有老师的物品，这不免使我为可儿担心。

分析：

在班里，可儿是活泼好动的小朋友，与其他女孩子相比，她的性格属于大大咧咧的类型。但令人伤心的是，可儿来自单亲家庭，在小班的时候父母就离异了，小小的可儿跟着爸爸一起生活。因为可儿爸爸的工作很忙，所以平时一般由奶奶照顾，而可儿的奶奶现在的家庭也是重组家庭。一下子面对这么复杂的局面，让可儿不知所措，对小小的她来说也不知道该以怎样的角色来应对。有时可儿会对我说些本不该是四五岁的孩子说出来的话，流露出本不该四五岁孩子流露出的表情。

当可儿连续几次出现随便拿别人物品的情况后，我及时与可儿奶奶进行沟通，并且电话联系了她的爸爸。经过深入了解，我知道可儿奶奶每天晚上帮她整理书包时，也经常发现有些不属于可儿的物品，可当奶奶询问的时候，可儿都一脸自豪地说："嗯，是班里××的，我明天就去交给老师。"为此可儿奶奶还责骂过可儿。

经过我的仔细分析，我认为可儿是想通过这样"突出"的方式来得到老师的关爱。记得可儿曾经说过我就是她在幼儿园里的妈妈，她也时常对我做些女儿和妈妈之间才有的动作，她是否想通过这种特殊的方式来取得"妈妈"的关爱呢？

为了弄清楚具体情况，私下里我找可儿聊天，从她对这些事的描述中可以知道她是急切地想得到关注和爱护的。她看到别的小朋友帮老师做事情（如帮老师捡起掉在地上的东西等）而得到老师的表扬，她也想得到这样的赞许和关注，于是她便想到了这样的方法。

知道事情发生的原因，我既开心，又惭愧。开心的是可以通过这个原因来找到解决方法；惭愧的是，对于生活在这样特殊环境下的可儿，我没有用正确的方法来关注她。

措施：

因为可儿来自破碎及重组的家庭，情况比较特殊。如果解决不妥当，很可能会影响可儿的健康成长，所以更要慎重处理。

1. 与家长沟通交流

首先，及时联系可儿的直接监护人——爸爸，与他就可儿最近出现的问题进行深入的沟通。通过可儿的爸爸，我了解到最近一段时间，可儿都没见过妈妈，而且可儿爸爸忙于工作，所以可儿基本由奶奶照顾。

鉴于此，我向可儿爸爸说了可儿出现的这些问题，如果不及时加以引导，可能会对孩子的成长造成不利的影响。但我同时也说明：可儿这个年龄段的孩子随便拿别人的东西，其实是不涉及道德问题的。我们不应该严厉批评孩子，而是要正视这个问题，寻找根源，家长和老师共同帮助可儿改掉这个坏毛病。

我建议可儿爸爸要经常让可儿见见她的妈妈，不能因为成人之间的矛盾，而影响到可儿的健康成长。我也建议可儿爸爸抽点时间陪陪可儿，不要错误地认为努力工作赚钱，就可以满足女儿的一切要求，这样做也许在物质上满足了女儿，但女儿在情感上反而缺失得更多。

在可儿奶奶接送可儿时，我也向可儿奶奶建议：如果在家发现可儿的一些情况，要及时和老师沟通。

2. 有针对性地关注可儿

此后，我经常在课后将可儿留在身边，轻轻地抱抱她，告诉她老师也很喜欢可儿，并且告诉她老师还喜欢怎样的小朋友，并将可儿熟悉的一些小朋友作为学习的榜样，让可儿在心中树立一个正确的"好孩子"的标准，而并不是可儿所认为的只要能吸引老师关注，就能得到老师的关爱。

在平时，我也经常让可儿帮老师做一些力所能及的事情，并及时在大家面前夸奖。有时我也会像个妈妈一样，亲亲她，抱抱她。

3. 开展主题活动——"老师妈妈，我爱你"

让所有的小朋友以如何爱老师为主题画一幅画并展览，让全体幼儿集体讨论：怎样的行为老师会喜欢，最后告诉全班小朋友："老师是爱你们每个人的，我是你们在幼儿园的妈妈，你们也是老师在幼儿园的宝宝。即使我的宝贝们犯了错误，老师还是会继续爱你们的，并且老师会帮助你们改掉这个坏习惯。"

效果：

现在的可儿不仅开朗了，而且在集体活动时也能遵守规则了。班级也经常传来"可儿，谢谢你！"的声音。上周，可儿以高票当选了她所在组的组长。可儿的脸上红扑扑的，充满着自豪。

虽然可儿爸爸依然是那么的忙碌，不过在接送"大部队"里也时常能看到他高大的身影。甚至有时可儿的妈妈也会来，在妈妈的面前，可儿显现出娇滴滴的可爱的样子。我们三个老师看到此情此景，也觉得很开心。

延伸与讨论

可儿的行为算是不良品行吗？为什么？孩子还会通过哪些方式企图得到老师的关注？应该如何对待？请结合工作实际举例说明并与同伴分享交流。

（安徽师范大学附属幼儿园 季欢欢）

5. 该如何爱你

每个幼儿的身心发展水平与发展需求都存在着明显的差异，因此，"孩子，该怎样爱你"肯定是一个没有固定答案的问题。尤其是面对班上那种顽固、"不领情"的孩子，该如何走进他的内心，该如何爱他，这是值得教师思考的话题。

从尊重幼儿起步

开学第三天的上午，我正准备组织幼儿上课，突然听到有个小朋友叫了起来："骏骏不见了。"再一看，骏骏的位置上空空的，我的大脑顿时空白了几秒。让孩子们安静下来后，就让一个能干的小女孩到同一楼的别的几个大班找找，再让一个小男孩去隔壁睡房找找，过了一会儿就听到外面传来吵闹声。走出去一看，那个小女孩把骏骏硬拽了回来，骏骏的嘴里还在大喊："别拽我，放开我，让我跑，我要跑第一……"

分析：

这个班是我新接手的班级，得知骏骏跑出班级是常有的事情，就意识到骏骏缺乏集体意识、纪律意识和安全意识，自控能力较差。而且不管在怎样的场合，他只要想到事情就会去做，从不计后果。从另一个角度思考，也许骏骏的这种行为，只是为了更多地引起老师的关注。

措施：

我将骏骏抱在怀里说："骏骏，你这样跑出去，缪妈妈很担心。你喜欢奔跑，下次我们约好了到跑道比比。好吗？"我充分尊重骏骏，并主动要求和骏骏拉钩儿约定。

效果：

也许是我的行为让骏骏感到自己被尊重和爱护，他很乖巧地坐回位置上。在组织活动期间我也多次用眼神、言语来肯定骏骏的表现，甚至还主动请骏骏回答问题。偶尔骏骏要捣乱时，我就赶紧提醒他，那时他就会使劲儿点下自己的小脑袋。骏骏在整个教学活动中并没有再出现影响其他同伴的现象，也在老师的提醒下，慢慢学习自我控制。

我始终认为，尊重幼儿不同的想法和行为，用自己的言行给予每个儿童平等和真诚的关爱，能够给幼儿甚至教师自身带来意外的惊喜和收获。

在教育过程中施加影响

这天，在给吃完饭的小朋友添汤时，发现骏骏的碗筷都没动过，我就问他："你怎么不吃饭？"旁边的小朋友个个叫起来："他不会用筷子。""他要老师用调羹喂着吃。"骏骏争辩道："我会用筷子吃，可我就是不吃，就是不吃。"说完嘟着嘴，把头扭向一边。

分析：

之前他的父母已向我反映过在家时骏骏奶奶经常喂他吃饭，可以看出，骏骏的这一坏习惯的养成，很大程度上是受到家庭的影响。如果在此时批评他，孩子极强的自尊心则会受到伤害；但如果依从他的意思，今后想帮助其改正则更难。

措施：

1. 利用同伴的影响作用。我请骏骏自己来选择同组的伙伴，陪他边吃边聊，希望这种轻松愉悦的氛围可以缓解他暂时执拗的心情。

2. 家园合作。事后我与其家长沟通，希望家长在教育孩子时能注意到这一点，多让孩子自己动手，养成好习惯。

效果：

通过利用同伴的影响作用，骏骏很轻松地融入到集体中，乐呵呵地独立进餐。看到骏骏顺利地融入集体，我便鼓励骏骏大胆地尝试自己的事情自己做，渐渐地，骏骏开始像别的小朋友一样独立地完成自己的事情，和同伴也相处得其乐融融。

爱孩子就要严要求

一天下午，孩子们在教室里自由画画，我在一边指导。发现骏骏从小房间里慌慌张张地跑出来，手里还拿着一支红色的水彩笔。他看到我就立即把手藏到背后，低着头跑到自己的位置上。不到 5 分钟，教室里就传来了争吵声，而且声音越来越大。几个小朋友正围着骏骏，并且嘴里还不停地说骏骏是小偷之类的。骏骏坐在位置上一边争辩一边哭，嘴里含糊地说："我没拿，不是我拿的。我不是小偷。"一支红水笔正安静地躺在骏骏面前的画本上。

分析：

骏骏的个性虽然很张扬，但更多是一种不自信，孤立的人缘让他经常用一些小伎俩来达到目的。所以，在处理这件事上我并没有一下子戳穿他的"谎言"，也没有刻意包庇他的错误，而是耐心地教育他，让他自己来承认错误，并能牢牢记住。

措施：

我先让小朋友都回到自己的位置上，然后走到骏骏面前，轻轻地拉起他的手说："每个人都会犯错误，但没有关系，知错就改还是好孩子。你觉得呢？"他泪眼汪汪地看着我，很用力地点点头。我就趁热打铁地问道："那你现在能告诉老师到底是怎么回事吗？"这下他终于一五一十地说出来，并且还很认真地问："老师，你说小朋友会原谅我，还愿意和我玩吗？"看到他的样子，我觉得又可怜又可爱，便鼓励他："小朋友们会原谅你，只要你能改正错误，他们还会愿意跟你做好朋友。"听完他就挣开我的手，主动走到那位小朋友面前道歉了。

真诚的爱不会伤害孩子。教育孩子应爱而有度，严而有格。孩子是天真无邪的，但即便如此，我们在教育孩子时，既要尊重幼儿个性发展的特点，又要规范他们的行为，严而有格，这才是真正意义上的爱的教育。

效果：

在不断和骏骏交流后，他进步了许多。更多的时候他愿意主动去帮助别人，无论在教室里还是操场上，他都能真诚地和其他小朋友合作，有困难了，也会请别的小朋友帮忙。

让孩子怀有一颗感恩的心

快毕业了，要举行毕业典礼。我把骏骏拉到身边对他说："这次的毕业典礼，我们就表演大家都会唱的《感恩的心》，不光要唱出来，还要打手语。我相信你很棒，可以像别的小朋友一样做到最好。你觉得呢?""嗯，我一定会加油的。"孩子用力地点点头。在接下来的排练中，我不断地鼓励、帮助他，很快他也能像别的小朋友一样把手语打得很漂亮了。

到了毕业典礼那一天，孩子们在台上表演，我会时不时关注骏骏，他在很认真地表演着，有时还偷偷看我两眼。刚表演完，他就跑到我身边抱着我，稚气地说:"缪妈妈，以后我会像你一样怀着一颗感恩的心去生活的。"我摸着他的头，眼泪都快出来了。事后，别的老师都在夸我们班的表演很棒，特别是骏骏的表现，真是出乎意料。我更是为骏骏感到自豪。

一年的时间，骏骏已经走出了当初的爱捣乱、不能自控、自卑、孤独，与同伴们友好地相处，融为一体，俨然成为老师眼中进步最大的孩子。

延伸与讨论

你的班上有这样自控能力差、行为表现较特殊的孩子吗?你是采取什么个性化的方式来帮助他改变不好的行为和习惯的?如果在与其家长沟通时发现，家长的育儿理念与你的教育理念相悖，你是如何处理的?请与你的同事分享并分析。

(江苏省扬州大学第二幼儿园　缪　惠)

6. 我是不是做错了

冰冰是我们班上比较胆怯且羞于表达自己想法的一个男孩。他的家长对他期望很高，但常常用"可以吗?""加油啊!""一定要⋯⋯"的口吻对孩子进行质疑或提要求，使孩子变得无所适从。有时对于同伴的质问，他无从解释，急了还会掉眼泪，而在老师面前也会显得较为放不开，所以他的很多想法都需要通过老师的不断追问才会表达出来。

情景一

进入大班以后，为了让孩子们更自主地做好值日生工作，老师和孩子们对以往的值日生工作进行了分类，将工作分为"安全员""生活员""护绿员"和"卫生员"四种，而轮到当天值日的孩子可以根据来园的先后，自由地选择相应的工作。

一开学就轮到冰冰做值日生。这天，冰冰来得很早，只见他佩戴好值日生牌子，又到"学做值日生"的工作处找到了自己想要的工作，并将自己的照片插在"护绿员"的岗位上。孩子们陆陆续续地来了，做值日生的小朋友也各自找到了岗位，并佩戴好值日生牌子。可当我请值日生来介绍自己选择的岗位时，"意外"发生了，另一名值日生枫枫不满地提出了抗议，说自己的照片被别人换过了，因为之前他选择的是卫生员的工作，而现在自己的照片却被插在"护绿员"的地方。"一定是冰冰换的，他抢我的工作。"枫枫气呼呼地指着冰冰，"刚才我找工作的时候你的照片明明插在其他地方的。"面对枫枫的指责，冰冰一脸的委屈："我不是抢他工作，不是的。"虽然冰冰在否认，但是大家还是一致站在枫枫的立场，冰冰急得又流下了眼泪。

分析及策略：
其实冰冰自己"护绿员"的工作已经完成了，他还想帮助枫枫一起做卫生员的工作，但是他个性内向，没有告诉老师和伙伴，偷偷换了岗位。他愿意帮助别人，这样的想法很好，但是由于自己的行为别人不了解，所以极有可能产生误解，因此我采取了相应的措施。

1. 循循善诱，给予鼓励

冰冰不善表达，又十分胆怯，但是在枫枫指责他，说他换了照片，抢了自己的工作时，冰冰却又不断地否认，可见无论照片是不是冰冰换的，其中必定有原因。

我首先安抚了冰冰的情绪，告诉他老师相信他是一个懂事的孩子，并且对他今天一早就来幼儿园当值日生的工作热情予以肯定和表扬。这时，冰冰停止了流泪，他悄悄地告诉我，照片的确是他换的。原来冰冰一早来园时选择的的确是"护绿员"的工作，但是早上给植物角里的植物换完水后，冰冰觉得"护绿员"没有什么工作可做了，可其他岗位上还有很多事情可以做，眼看大家运动好要去盥洗了，"卫生员"可以为大家服务了，冰冰乘大家不注意，悄悄地将自己的照片和枫枫的换了一下。

2. 同伴互助，予以理解

为了让冰冰和同伴消除误会，我将冰冰做这件事情的想法告诉了大家，并与大家一起讨论，难道做"护绿员"就只有早上来园时有事可做吗？

我的问题便是冰冰心中的纠结所在，我将问题预留了一个星期，让轮到本周做值日生的孩子都来出谋划策，寻找"护绿员"工作的范围，也让冰冰有更充裕的时间自己来寻找答案。

经过一周的值日生工作，大家有了不同的发现：中午太阳很好，"护绿员"可以把植物搬到有阳光的地方去，让植物吸收阳光；遇到下雨，可以让土豆、萝卜等多喝喝雨水或是把有些植物搬进教室；晚上回家前，还能帮助老师将衣架等物收好……孩子们介绍了自己在做"护绿员"时所发现并尝试过的事情，冰冰听了也深受启发，他高兴地告诉我：下次做值日生，他还要做"护绿员"。

3. 家园合作，得以支持

家长是和孩子相处时间最长的人。通过与冰冰家长的沟通，我了解到家长也发现他不善言语，他们认为这是冰冰与别人交往太少的原因。于是，家长经常让孩子为别人做些事情，但这样做的结果只是让孩子有了帮助别人的意愿，但还不会表达自己的想法。我试着让家长在鼓励孩子帮助别人的同时，也试着听听他自己解决问题的理由，这样就能知道孩子做错事的原因了。

情境二

这天区角活动结束后，我正准备带着孩子去室外运动，只见原本已经排在队伍里的冰冰探头向教室里张望了一下，突然猛地朝教室冲去，一下子撞上了正从教室里出来的琪琪，可冰冰也没顾得上将琪琪扶起来，仍然冲进教室。我正想阻止冰冰这种鲁莽的行为，却看见他迅速地将语言角里还没放好的录音机收进柜子，再将角落里被人遗忘的椅子放到学习区域，马上又回到了队伍中。

分析及策略：

冰冰是个比较内敛的孩子，他往往不愿意与同伴和老师多说一些自己的想法，而是直接用行动来表达。其实在大家整理区角材料时，冰冰已经注意到了那些没有放好的东西，但因为要外出运动，所以跟着老师出来排队，但是早早排在队伍里的冰冰发现还有其他孩子没有出来，就急着跑进教室整理了。

冰冰一心只想着乘大家排队的间隙将教室收拾干净，却没想到自己的行为不仅碰撞到琪琪，而且还影响到队伍的秩序，他原本想做一件好事，在别的孩子眼中却变成了一件错事。对此，我也有针对性的采取了措施。

1. 安抚情绪

冰冰的这次行为又不被大家所认可，很多孩子都认为既然已经排好队了，再冲进教室并撞倒琪琪，肯定是冰冰的错。作为老师，其实我已经了解到冰冰做这件事的本意，考虑到冰冰胆怯且羞于表达的个性，我还是先安慰了冰冰，并问冰冰："你知道大家为什么都觉得是你的错吗？"冰冰考虑了很久，告诉我："是不是他们看到我把琪琪撞倒了呢？""是啊！同伴们并不知道你进教室的原因，你没有和别人说，也没有告诉老师，所以他们会误解你的好意。以后先和老师说一下，老师会给你时间让你去放，你也不会急急忙忙撞到别人了。"听了我的话，冰冰点了点头，心情好了许多。

2. 寻找闪光点

我将冰冰这件事的经过告诉了大家，我先请孩子们来找找冰冰在这件事中做得好的地方，再来说说他做得不妥当的地方，通过两者一比较，大家也理解了冰冰鲁莽行为背后的原因。

虽然两次冰冰都"好心办了坏事"，但比起第一次的茫然，冰冰在第二次事件中显然已经意识到自己做得不妥当的地方了，看来老师在第一次事件中给予的及时疏导和沟通，让冰冰有了一定的分析自己行为的能力。但是鉴于孩子的行为习惯和思维定式，要使他清晰地认识到如何将事情做好，真正地帮助到别人，还需要不断与之沟通和及时疏导。

当一个人的思想、行为以及情感得到他人的支持时，能增强他积极的心态和自信心；反之，一个人的思想、行为以及情感不断受到反对，就会出现完全相反的结果。有时孩子的一番好意反而会将事情"搞砸"，如果老师只看到事情的结果，而不去关注事情发展的原因和过程，不去了解孩子的内心，就会让一颗幼小善良的心灵受到伤害。宽松的心理环境能产生改变世界和改变自我的力量，融洽的人际关系营造出的精神环境对幼儿积极心态的形成是很有利的。

延伸与讨论

在你的班级里是否也有类似的做了好事又不被伙伴认同的孩子？你是怎样看待"好心变坏事"的孩子的？有什么经验能与大家分享交流呢？

（上海市实验幼儿园　徐　莺）

7. 一串歪斜的脚印

放学时间到了，热闹了一天的教室里只剩下两个人，我和强强。这时我看到桌子腿的缝隙间有一块小小的雪花片积木，就对强强说："那里边有块积木，我够不着，你把它拿出来好吗？"没曾想，我话音未落强强就说道："我也够不着！""那怎么办呢？"我问道。"用笤帚扫出来吧！"说着，他就跑到门后边拿来一把笤帚，很快把积木扫了出来。望着眼前的情景，我激动不已。在强强把积木递过来的瞬间，我顺手拉过强强，紧紧搂进怀里，泪水渐渐模糊了双眼……

回想两年前，开学第一天，园长领着强强娘俩进了我班，把我叫到一边，诚恳而信任地对我说，希望我能把强强留下。潜意识告诉我：这不是个正常的孩子。园长之后的话证实了我的预感。

当时强强是三岁零八个月，第一眼看到他就觉得他和别的孩子不一样，走路不稳、言语不清、口水常流、性格脾气比较急躁。经过一天的观察发现：他右腿不会打弯，上楼梯，要四肢着地才能完成；下楼梯，需要双脚一个台阶一个台阶地挪。我的日常指令要求他一般听不懂，吃饭把饭菜撒得满身满桌都是，手眼协调性较差。他的体格和能力并不像他的名字一样强。

面对这样一名与同龄小朋友差距甚远、不适合集体生活学习的孩子，我的内心也很纠结：接收他，就意味着更大的责任与更多的付出；不接收，面对家长恳求甚至带有一点乞求的目光，内心又有丝丝愧疚；再看看强强，一会儿东一会儿西，很愿意和小朋友一起玩，可总也赶不上趟，有时还会被其他小朋友讨厌地推到一边，样子很可怜……晚上躺在床上，眼前总浮现着强强的身影，我的内心挣扎着，最终我还是接收了强强。

强强刚出生时并不是这样的，现在的状况是在出生后两个月发高烧治疗不及时所致。一家人因此觉得愧对孩子，特别是爷爷奶奶对他更是疼爱有加，任何事都包办代替。强强一个动作眼神，爷爷奶奶都能够心领神会，这样强强就"省"了很多事，因此也就失去了很多学习、发展的机会。对于这一点家长并没有意识到。从强强在园表现来看，参与集体活动是"心有余而力不足"。针对这种情况，我们几位老师先是召开了班务会，又与家长商讨决定：对强强生活上、情感上付出多一些；教育方面不放弃，不急于求成，不要求太高。具体如下：

1. 爱，得其信任，增进情感

强强年龄虽小，但很会看脸色，我或小朋友的脸色不好看，他就会大哭，有时会低下头不敢正视，表现出比较强的自卑感。我走近他，他会本能地躲一下；我跟他说话，他听懂听不懂都会"嗯"，并点点头；我拉拉他的手，他会迅速抽回去。

经了解，他常因听不懂爸爸妈妈的要求而做错事，受到家长的批评，因而变得比较胆怯，面对陌生的我就更加"害怕"。这无形之中就给我们的教育带来一道天然屏障。于是我改变策略，变"主动接近"为"偷偷关注"，只在他玩得高兴时，轻轻拍一下他的肩膀，给一个微笑，分享他的快乐；在他搭积木成功的时候给一个惊喜的眼神，竖一下大拇指，以示鼓励。面对我送出的微笑，开始他的反应是木木的。慢慢地，他会对我回一个微笑。一个月后他和我之间的天然屏障消除了，他有时候也会主动往我身上靠一靠，表现出对我的亲切与信任。

2. 玩，深入了解，因材施教

没有屏障就意味着可以主动接近他了，可以和他一起玩了。玩插塑时，小朋友很快都插出了小花、糖葫芦等，只有强强还是拿着两个雪花片插来插去没有任何成果。仔细观察，是"手不听使唤"。还有一次绘画活动，主题是太阳，强强一次一次画出的太阳总是"开口"的，原因还是"手不听使唤"，因为强强的手眼协调性很差。

于是我制订了协调训练方案。玩积木，我找来"插孔最大"的，让他先用手指摸一摸、往孔里插一插，等手指能够摸准、插准时，再试着把积木插进去，慢慢插出一朵小花、一串糖葫芦。绘画，只要是训练技能的，我都要单独给他准备虚线描画底稿，供他描摹练习。有时也会握着他的手一起画，边画边说："太阳是圆圆的，圆圆的太阳才能照到四面八方"。

其实，就像生活中的家人一样，只有经常在一起，才能了解到他的常态，才能知道他的优缺点，才能了解其发展水平，才能有的放矢、因材施教。

3. 逼，深挖潜能，促其发展

一次，强强的积木被小朋友抢了，他哭着跑到我身边，拉起我的手就要我去现场（每次被小朋友欺负或者请我帮助他都是这样）。他指着抢积木的小朋友哇啦哇啦说着，我什么也没听懂：一是他叫不出小朋友的名字，二是发音不清，三是表述没有条理。

在家里，因家人的"理解和帮助"，强强的要求一般不用张嘴就能达到，因此强强"省"了很多说的机会，错过了语言发展的最佳时期。面对强强的求助，这次我纹丝不动站在原地，见我没反应，他急得大哭。我蹲下来一边帮他擦眼泪一边告诉他："慢慢说，说清楚了才帮你，不说，就得不到帮助！"尽管刚才发生的事情我已经看在眼里，还是坚持要他自己说。他连哭带说、双手比比画画，还是说不清。见他实在说不出来，我就问："是不是张耀抢了你的积木？"他使劲点点头。"你想让我帮你要回积木？"他又使劲点点头，并发出"嗯"的声音，表示是的。我提出要求：在幼儿园不要点头，要说"是"。然后一句一句教他怎么说，直到他基本表达出大致情形为止。逼着他说的过程，就发现他最大的表达障碍是"发音"和"词汇"。因此，我采用的策略及步骤是：

第一，培养说的意识。第二，丰富可说的词汇，比如：小朋友的名字、班级物品的名称。第三，说清自己的要求、事情的过程。平时结合实际情境，具体指导。这样过了两个月的时间，他就特别爱说，会说了，而且兴趣还特别浓，回到家经常问："这是什么？那是什么？"妈妈很配合，一边不厌其烦地回答，一边赞赏："强强真棒！"这样他就更乐于说了。因为赞赏的语气，能让孩子乐于表现。一天，强强奶奶来到幼儿园，握住我的手激动地说："我们强强会说话了，谢谢老师！谢谢老师！"

4. 奖，巩固成果，提高能力

六一节前夕的一天，强强拿着自己的作品给我看，我问强强画的是什么，他说是"太阳"。"太阳，在哪儿呢？""在这"，他指着图画本上一个像啃过几口的"饼"的东西说。我仔细一看，真的，这次强强画的太阳真好，终于"圆"了。此时，强强已经四岁半，入园也有近一年的时间，第一次能够画出一个封闭的图形。他的进步让我都激动地叫起来，一下把他揽在怀里亲了亲他的脸。他不好意思地笑了笑，但能够感觉到他此时是很高兴、很幸福的。小朋友也凑过来说："强强你真棒！"强强妈妈来接他时，我赶紧把这个消息告诉强强妈妈，强强妈妈还有些不相信，急切地找出他的图画本，让他指给妈妈看，他非常认真地指给妈妈看。妈妈像是询问又像是自言自语地说："是你自己画的吗？"他坚定地点点头说"是"。妈妈一把把他抱起来："我的强强真的好棒哟！"一边不停地亲吻着他的头。

　　两年后，在强强自己、我和家长的共同努力下，强强各方面都有了非常明显的进步。首先是自信心的提升。班里来了其他老师或家长，他主动跑过去询问：您有什么事，让我来帮助您吧！其次是性格更开朗，经常积极与老师、小朋友交流，中班下学期时偶尔还开个玩笑。最后是反应能力增强，就如文章开头的那一幕。

　　回顾两年强强走过的路，这一串脚印虽然有些歪歪扭扭，但却始终向前。

延伸与讨论

　　强强尽管有了很大的进步，但是要真正融入集体生活，还要付出艰辛的努力。如果强强在你的班里，你会怎样进一步帮助他呢？

（山东省泰安市教育局　闫兴芬）

8. 让她自信起来

　　小艾，女，6岁，大班。她在班里是一个比较特殊的女孩子，性格内向，腼腆，不太爱和别的小朋友交往。集体活动时不敢表达自己的意见，不敢在众人面前大胆表现自己。游戏时不愿意出头，总爱听从他人的安排。

　　与她父母沟通，发现出于工作原因，由奶奶照料，家里事务全由奶奶包办。老人的过度保护使得孩子在很多方面失去了自己动手、表达的机会，离开家长她不敢独立做事，对什么都无所适从，缺乏自信。意识到这点之后，我对小艾的一举一动更加留心起来。

原来我画画不错

　　凡是需要动手操作的活动，小艾总是呆呆地看着我，一动不动，眼神分明说着"老师帮帮我"，我一时心软，就帮了她……事后当我与她交谈时，她总是红着小脸，低着头说："老师，我不会"，次数多了我发现孩子有很强的依赖心理，而且越演越烈。这样下去不行，我得"智取"。

　　有次绘画活动，我示范后让孩子们自己画，小艾又举手示意说"老师，我不会画"，似乎等着我说"算了"，但我告诉她："没试过怎么知道自己不会呢？"她装出一副无可奈何的样子回去画画，我走过去摸摸她的头鼓励道："小艾很聪明的，别人会的你肯定也会。"她半信半疑地看着我，我微笑着点了点头。没过多久她将作品交给我，画得还挺不错，我在大家面前表扬了她，同伴们还为她鼓掌，她低着头笑了。

　　课后我在她耳边说："不试怎么知道你会画得这么好，别人会的你肯定也会，对吗？"她冲我笑笑逃走了。似乎从这天后，每次画画时听不见她说"我不行"了。我成功地迈出了第一步。

其实我能行

为迎接十二月冬季小小运动会，我特意让小艾参加蹦蹦跳跳接力赛，我将她排在第一棒。在刚开始训练时，她由于不自信，多次摔倒在地或者跳了一半停下来。我问她想不想得第一，她看了看我，点点头。我又说："老师知道你能行，要相信自己。你有没有想过你老是摔跤的原因？"她说："老师，我很想跳好，可是我心里越是这样想就越是跳不好。"瞧！小艾说得多好，她只是需要更多的鼓励。于是我说："你只要一步一步地向前跳，其他什么也别想，肯定能行。试试看好吗？"在孩子们和我的加油声中，小艾第一次顺利地到达终点，她回过头来看看我，我翘起了大拇指，其他的孩子也拍起了手。小艾这一次还是不好意思地笑了，但是她渐渐地抬起了小脑袋……

我为大家讲故事

经历上次运动会之后，我继续认真地观察小艾，发现平时在念儿歌、唱歌活动中她的嘴巴在动，虽然声音不是很响，但至少她愿意讲啊。对于她熟悉的游戏、玩具等她都愿意玩的。于是，我决定就从这里下手，进一步培养她的自信。

我向家长借来了她的故事书，里面有她会讲的几个故事。我选了其中的一个故事，看了几遍之后，我记住了里面的细节和大致的内容。在有一天的餐前活动中，我故意找了一个靠近小艾的座位，讲起了她熟悉的故事，她前面听得很认真，后来我听她轻轻地说："这个故事我也会讲的。"我并没有理她，继续讲着，讲了一会儿我故意停下来，小朋友们都很奇怪。我说："不好意思，老师忘了。""啊哦……"幼儿有点儿不耐烦了。我说："老师忘了，讲不下去了，谁能帮我讲下去呢？"听到孩子们都说："这个故事我不会讲。"我说："老师知道，我们班有个小朋友会讲这个故事，你们还想听吗？"孩子们都说："是谁呀，你快说呀。""我想听的。"我看了看小艾，她也看着我，我知道在这个时候，小朋友都觉得能把老师讲不下去的故事讲下来一定很了不起。我就趁势说："我们先来拍拍手表扬一下这个小朋友，她其实很会讲故事的哦。"

在小朋友们的一片期待中，我把小艾拉了出来，起先她还是有点儿怕："可是我讲的和你讲的不一样的。"我说："那你把你的讲给小朋友听吧，大家一定会很喜欢的，老师相信你讲得比我还要好。"她终于第一次在这么多的幼儿面前讲出了自己的故事，虽然有点儿结巴，有点儿小声，但在全体幼儿的掌声鼓励下，她看着我，昂起了小脑袋，笑得很甜很甜。

在接下来的家长开放日活动上，我和小艾的妈妈沟通，邀请小艾上台讲故事，妈妈问："她能行吗？"带着疑虑妈妈出席了活动，看着孩子在台上的表现，小艾的妈妈又惊又喜："没想到孩子说得这么好，过去我怎么没发现呢？还老觉得她不行，真是错怪孩子了！"

从这以后，小艾愿意在同伴面前讲故事了，而且胆子越来越大，声音也响亮了好多。每次都能听到她说："今天，我为大家讲个故事，故事的题目是……"我看到了她面对同伴的从容，听到了她声音中的镇定，感受到了她对自己越来越多的自信。

幼儿的自信心是建立在对自己能力认识的基础上的。作为成人，最重要的是给孩子机会去探索、发现和展示自己的能力，并以赞赏的眼光看待他们行为的结果。

每个幼儿由于其遗传素质、家庭、环境和教育的不同，具有不同的能力、行为、性格、智力等，这样在幼儿之间就存在着个别差异。幼儿由于某些方面的不足而又未及时得到弥补，从而导致没有自信。

成人消极的评价和否定的态度也是造成幼儿自信心不足的另一个重要原因。由于幼儿的能力所限，常常把事情做坏，因而受到成人的责备、禁止，孩子很怕受到父母的责骂以至于他们不敢做不想做更不会做，产生畏缩、逃避的行为，这样也就对自己失去了信心。因此，我们可以这样做：

1. 调整成人与孩子间的关系

孩子与老师、家长间的关系如何，在很大程度上决定了他的自信心程度。培养孩子的自信心，首先应检查一下自己与孩子的关系是否有助于自信心的培养。

孩子感到老师、父母喜欢他、尊重他，态度温和，往往就活泼愉快，积极热情，自信心强。相反，老师、父母对孩子训斥多，粗暴，态度冷淡，孩子就情绪低沉，对周围的事物缺乏主动性和自信心。

2. 要言传身教

创设培养孩子自信心的环境，为孩子树立有魄力、自强、办事不怯懦的良好形象，让孩子在潜移默化中"自信"起来。

平时，遇事常对孩子说一些鼓励的话，"你一定能行""你肯定做得不错"。因为孩子自我评价往往依赖于成人的评价，成人以肯定与坚信的态度对待孩子，他就会在幼小的心灵中意识到：别人能做到的，我也能做到。

3. 相信孩子，鼓励孩子做一些力所能及的事情

有些家长常因孩子小而替他做许多事，这样孩子就会凡事依靠家长，久而久之便很难建立自信。

家长应视孩子年龄的大小、能力的强弱，有意识地让孩子做一些力所能及的事情并要求他完成好。如让他自己吃饭、穿衣、系鞋带、收拾玩具和书包，整理自己的床铺，让孩子对家里的事情提一些建议，如合理可采纳等。这样不仅能锻炼孩子的动手能力，还能使孩子从中获得自信。

4. 正确评价孩子，避免用横向比较评价幼儿

当孩子慢慢懂事后，就开始认识自己，也很注意别人，特别是家长和老师对自己的评价。

每个幼儿的发展水平是有差异的，老师要注意避免在能力、表现上进行同伴间的横向比较，应对幼儿自身的发展做纵向比较，让幼儿明白自己在一点一点地进步。

延伸与讨论

1. 你认为自信的基本要素有哪些？请举例说明。
2. 教师的态度对幼儿自信心的培养非常重要，说说你的经验和体会。

（上海市实验幼儿园　赵　璐）

9. "小哑巴"喜欢说话了

我们班有个小女孩，叫嘉嘉，本是个活泼开朗的孩子，说话的声音甜甜的，笑起来有两个小小的酒窝，大家都很喜欢她。可是，有一段时间，嘉嘉不爱说话了。平时和她交流，她不开口，只是点头或者摇头；上课时请她回答问题，她的声音轻得像蚊子叫。嘉嘉这是怎么了呢？通过细心的观察，我发现嘉嘉在和小朋友玩的时候还是很大方的，不仅声音响亮，而且还能听见她爽朗的笑声呢！

那么，为什么嘉嘉在老师或集体面前就变成"小哑巴"了呢？我不禁又联想到最近发生的一件事——

临近"妇女节"，我们请每一位孩子带一张妈妈的照片布置在教室里。第二天，嘉嘉高兴地来到教室，突然发现自己忘带了妈妈的照片，脸马上就红了起来，大颗大颗的眼泪直往下掉。我连忙帮她拭去眼泪，安慰她："没有关系，明天带来就可以了。"可是，嘉嘉还是难过了好一阵子才平复下来。第二天，她走进教室的第一件事就是把妈妈的照片交给老师。她的外婆告诉我："昨天晚上，她非要把照片捏在手里睡觉，生怕又忘了带，我们让她放在床边，她都不放心。"

由此可见，嘉嘉是一个特别要强的孩子，她的自我意识已经形成，很在意老师和同伴对于自己的看法，总是希望自己做到最好。嘉嘉的妈妈是小学教师，平时对她的要求非常严格，渐渐地，嘉嘉对自己也很严格。如果老师布置了什么"任务"，她回家一定要马上完成，玩的心思都抛脑后。但是有时候，她对于自己的能力不十分自信，怕自己说错了或者回答问题不够好，因此她宁可不开口了。

为了帮助嘉嘉克服这种胆怯的心理，让她重新自信地大胆说话，我"行动"了起来——

为了让嘉嘉敢于在大家面前展现自我，我积极为她创造表达表现的机会。上课时，多请她回答问题，不断提醒她"声音响亮""胆子大一些"等。自由活动时，鼓励她多表现自己。可是这些办法的效果并不理想，有时她反而更加害羞了。

有一次，大家共同表演节目。轮到嘉嘉了，她显得很为难。迟疑了好一阵，决定为大家唱一首《世上只有妈妈好》，每唱一句都要看看我的脸，我不断鼓励她"你唱得很好""声音再响一点"，可是她唱着唱着眼泪都要掉下来了。

对于嘉嘉，"逼"的方法是行不通的，甚至会起到反效果。嘉嘉的心理负担太重了，让她单独在集体面前表现，仿佛就把她的不足都"暴露"出来了，那可是她最害怕的事情。怎样的方法可以缓和一些，不让嘉嘉那么抗拒呢？

我尝试对嘉嘉改用了比较缓和的鼓励方式，如：有时请她一对一教别人或做本小组的小老师，教别的小朋友，这样她面对的孩子比较少，就不那么害怕了；在表演节目的时候，我请她站在中间，旁边再安排两个小朋友共同参与，但是告诉她"声音要响一点，让我们欣赏到三个人的好听的音色"，这样的小组唱，仿佛让嘉嘉唱歌就有了底气。慢慢地，嘉嘉愿意开口了，"小哑巴"开始改变了。

嘉嘉的点滴进步给了我很大的信心和鼓舞，看来这些新的鼓励方式是为她所接受的。我没有急于让嘉嘉一下子站到所有孩子的面前，而是在小范围的孩子中培养她的自信。尤其是让她来帮助别人，就是对她心理上的肯定，她会觉得自己是很好的，所以才能当上"小老师"，这样就慢慢对自己有了信心。那么，接下来还能怎么做，让她在更多人面前拥有自信呢？

经过一段时间的锻炼，尽管嘉嘉胆子还是比较小，但较过去已经进步了很多。我不再刻意锻炼她表达表现，而是引导她在班级中积极表现自己。在角色游戏中，有漂亮的装饰物和小乐器的吸引，她愿意在"小舞台"为大家表演节目；做值日生的时候，鼓励她敢于指出别的小朋友的不足。渐渐地，一度的"小哑巴"已经变得自信开朗了，脸上总是挂着灿烂的笑容。

其实，让孩子自信起来的方法有很多，并不局限于在大家面前说话或表演节目。孩子毕竟是生活在幼儿园集体环境中的，她要学会和大家和睦相处，在自然的情景中表现真实的自我，刻意要求未必就一定能做到。嘉嘉的变化让我感到很欣慰，觉得自己的付出都是值得的。

鉴于嘉嘉的妈妈也是一位资深的教育工作者，又是最了解孩子的人，当我一开始发现嘉嘉的异样表现，就加强了与嘉嘉妈妈的联系。我希望与她达成教育上的共识，一起帮助孩子克服心理上的恐惧。由于嘉嘉妈妈平时不负责接送孩子，我通过"家校互动"的网络平台与她进行了沟通。

当嘉嘉初现不爱说话的情况时——

钟老师：我想让嘉嘉多发言，甚至"逼"她大声说话，可是她就是不太自信，也可能是太要强，生怕自己说错，心理负担太重了……不像有的小朋友很天真，哪怕说不上来，也会举手说几句……我会在平时继续锻炼她的！

嘉嘉妈妈：你说得没错，她的确太要强，怕说错，没自信，心理负担很重，我就这个问题和她交流了很多次，可是还是老样子，只好麻烦老师多费心，多给一些机会，让她多多开口，谢谢了！😊

当嘉嘉有了一些进步时——

钟老师：现在不让她单独表演节目了，旁边陪两个小朋友，她的胆子就比较大了……有时候还让她在自己的座位上表达，这样不是那么突出，她的声音也能大一些……我一定会用她能接受的方式多多锻炼她的，请放心！

嘉嘉妈妈：谢谢了，让你多费心了！

当嘉嘉有自信时——

钟老师：嘉嘉现在表现不错，已经有了很大的进步，我们选了她参加合唱表演，给她多点表现的机会，让她更加有自信心！

嘉嘉妈妈：作为老师的我，平日和孩子交流时，总会给孩子一种压迫感，让她觉得害怕，不愿和我沟通，直到现在我都认为孩子不愿在大家面前开口表达自己的想法都是我造成的。感谢老师让她能够在多种多样的学习环境中找到信心，学会和别人沟通，正因为有你们的这份师爱，嘉嘉才会不顾下雨，不顾外婆的疼惜，一定要去幼儿园，我和她爸爸都感到很欣慰……

通过嘉嘉的改变，我总结出以下几点经验：

1. 家园合作，共同面对问题

以前的家长往往"唯教师论"，只要老师说的都按部就班地做；现在的家长更有主见和教育修为，他们有自己的教育理念和想法。因此，我们一定要本着合作的态度，让家长感受到我们对他们的尊重，这样才能赢得家长的支持，共同面对孩子的各种问题。

2. 因材施教，寻找有效方法

虽然我们是教育工作者，但是我们不是研究教育的专家，针对不同的孩子，我们的教育方法也会有不奏效的时候。这就要求我们及时反思与调整，寻找适合不同孩子的有效方法，这样才能体现出我们对于教育的严谨和执着，让家长对我们更加信任。

3. 相互借鉴，促进幼儿发展

嘉嘉的妈妈从老师对嘉嘉的帮助中反思了自己的教育行为，从而更好地与孩子相处，反之，我们也可以从家长那里学习到很多的东西，更好地为我们所用。我们与家长应该相互倾听，耐心学习，这样我们才能更好地实施教育。

延伸与讨论

1. 嘉嘉这个孩子到底有什么特点？你遇到过这样的孩子吗？你是如何应对的？

2. 嘉嘉的家庭教育很严格，对孩子的期望很大，你碰到过类似的家长吗？你觉得这种教育方式是否值得提倡？为什么？

（上海市实验幼儿园　钟雅瑾）

10. 寄宿在乐园里

小伟是一个中班男孩。由于父母均忙于生意，疏于管教，小时候基本由说闽南语的外婆代养，与其进行语言交流较少。因此，语言发展比其他幼儿慢，并且普通话不流利；在手脚协调、数理逻辑等各方面能力也较其他幼儿弱。另外，由于父母过分溺爱，造成其在一些常规方面也没有良好的习惯，生活能力弱。

淘气调皮的小伟

开学第一个月，小伟和其他孩子一样，尝试练习各种生活技能，遵守日常规则。由于是寄宿制学校，涉及的生活领域较全日制学校更多。开始两天他晚上都会尿床，直到生活老师摸清了其规律，及时提醒，这种情况在第三、第四周才得到缓解，但他仍然不能主动表述自己有尿意或主动起床，有时甚至一个晚上要尿湿两次。吃饭时，小伟也只会像婴儿一样一把抓住勺子，不能掌握正确握勺子的姿势，每次提醒只能坚持几分钟。穿脱衣服都需要老师帮忙，如果不帮忙就坐着不动等老师来，或者索性自顾自地在床上玩起来。一洗澡就哭闹不止，最不愿洗头，游泳活动也不太敢参加。

在游戏时，他喜欢一个人玩自己带来的小车，绝对不允许别人拿他的玩具。不和小朋友主动交流，并且容易和别人发生矛盾。学习活动时，容易分心，到处奔跑，坐不定。

开学几个月，小伟几乎没有什么好朋友，而小伟也成了同伴眼中什么都不会的捣蛋鬼。

分析：

正如家访时所了解到的一样，由于父母的过分宠爱，在家没有养成良好的生活习惯和规则意识，在入园初期出现了各种不良的行为习惯：

喜欢趴在地上，到处乱画，容易和同伴起冲突，有攻击性行为，规则意识也很差，上课时会到处乱跑，外出时会脱离队伍，等等。而由于没有良好的生活习惯，对寄宿的生活也不能适应。家长虽然意识到问题所在，但是由于缺乏良好的教育方法，父母有些手足无措，有时还会相互责怪、埋怨。小伟在集体生活中的我行我素，也让他和同伴的交往产生了隔膜，慢慢地，他被同伴疏远。长此以往，对孩子的成长一定会造成负面的影响。

措施：

在学校里，我采用各种方式，增加同小伟交流的密度：在午餐后、晚饭时，都会让他坐在我的膝盖上，和他聊天；在游戏时，会和他一起玩一些动脑筋的玩具；在收玩具时，教他如何整理，运动时也同样进行一对一的指导。每次他有了一点小进步就在集体面前表扬他。

通过密切的交流，不仅增加和他的亲密程度，也掌握他的脾气、性格。其实他是一个懂道理的孩子，老师说的话都能理解，也能试着照做，但就是由于缺乏自制力和良好的习惯，控制不住自己，很难坚持并内化成良好的行为习惯。因此，我通过朋友般的提醒、及时的鼓励，帮助他不断强化正面的行为，帮助其培养良好的行为习惯。

古人云："亲其师而信其道"，教师创设宽容、自然、和谐、平等的心理环境，对孩子的成长起着至关重要的作用。特别对于像小伟这样家庭教育不完善、各方面能力又弱的孩子，老师的称赞、拥抱和关爱就更为重要。在寄宿制幼儿园里，老师作为孩子们在学校的"爸爸妈妈"，多了更多的责任。老师每一个细小的眼神，每一句关心的话语，对于长期与家长分离的孩子来说，其实都是在与他们心和心的交流，让他们感受到爱，感受到尊重，才会逐步建立起自信心，才能促使他一点点进步和成长。

慢慢成长的小伟

经过一段时间的适应期，小伟在生活方面基本能够自理，改正了五指抓勺子吃饭的坏习惯；能够自己刷牙、洗脸，但是在洗澡时，每当洗头就会哭闹。偶尔来园还是要趴在爸爸身上哭闹一会儿，不过当挽着我的手目送爸爸离开校门之后，小伟还是很快就能投入正常的幼儿园活动中。小伟不断进步着，成长着，不过在和其他孩子的交往中，小伟比较容易急躁，容易和人发生矛盾，并时常抓伤同伴。

经过一个学期，小伟逐步适应了学校的生活，在各方面有了长足的进步，在老师的引导下，基本能够选择一个玩具坐下来安静地玩一会儿，而上课基本能做到不到处乱跑。对于教师布置的活动内容，小伟也能够尝试照着做。每次游戏时，一旦拼出了作品，获得了小小的成功，他都会得意地跑来告诉我。灿烂的笑容慢慢地回到了这个孩子的脸上，老师和家长都为此欣喜不已。

然而好景不长，新学期来园第一天，小伟的脸上出现了好多红杠杠，让我们都吓了一跳。经过询问，得知是爸爸打的。也许由于生活作息的不同，在家小伟一直尿床，有时甚至一天三四次，忍无可忍的爸爸动了手，为此夫妻间也闹得很不愉快。

分析：

在学校，由于有老师的不断提醒和叮咛，有各种争星活动的机制不断激励，更有同伴的榜样作用，在学校比较容易帮助幼儿养成良好的行为习惯。可是，有些行为习惯在学校培养治标不治本，而且往往出现"2>5"的情况，即在学校 5 天教育，到了家里 2 天就回到了原形，小伟就是个典型的例子。

经过一个多月的假期生活，生活规律被打乱，孩子在上学期建立的各种习惯又被破坏了。妈妈时常责备爸爸溺爱孩子，爸爸则开始用打骂这样消极的方法来处理孩子的教育问题。

措施：

寄宿的孩子在校时间长，容易进行习惯培养，回到家很可能因为父母的宠爱而"打回原形"。并且不少家长都是因为没有良好的家教措施才选择将孩子送入寄宿制幼儿园。因此，家园合作对于寄宿制幼儿园更为重要。

首先，我明确告诉小伟爸爸，打骂这样的消极处理方式无益于孩子的健康成长。尽管小伟妈妈一直在责备小伟爸爸，但是我们也明确告诉小伟妈妈，小伟爸爸已经在努力，不能单纯责怪小伟爸爸，重申父母双方的教育方式应该达成一致的教育理念。

其次，给小伟做心理疏导，告诉孩子爸爸虽然用错了方式，但还是很爱他。显然，孩子既很爱爸爸，也很懂道理，并没有因此而恨爸爸，没有造成心理上的阴影。

之后，我定期找小伟家长进行约谈，告诉家长孩子在学校的进步和不足之处，并寻找一些合适的家庭游戏或指导策略通过家园论坛的方式，告诉一些有相同需要的家长。每次来园时，小伟爸爸总会告诉我们一些小伟在家的表现，有一点小小的进步，不论老师还是家长都会及时地鼓励，家园的共同关注和支持，让小伟有了更多自信，每天都在积累着点滴的进步。

正如陈鹤琴先生所说的："幼儿教育是一种很复杂的事情，不是家庭一方面可以单独胜任的，也不是幼稚园一方面能单独胜任的，必定是两方面共同合作方能得到充分的功效。"孩子的成长永远离不开父母和家庭，对于寄宿制幼儿园亦是如此。尽管孩子们在幼儿园有很长时间，也确实较全日制学校能够更好地培养孩子们的行为习惯，但还是需要家庭教育的支持和巩固。家园之间的通力合作，为孩子创设宽松、自然、稳定而又和谐的成长环境，促进幼儿健康、快乐地成长。

延伸与讨论

1. 寄宿制幼儿园（班级）孩子良好习惯的养成与全日制有何区别？本文的案例对全日制幼儿的教育有何启发？

2. 文中的主人公有何特点？家庭教育环境有何特点？在你的工作中有类似的情况吗？请将精彩的故事或教育举措与同伴交流分享。

（上海市浦东新区冰厂田幼儿园　邹　悦）

延伸与讨论指南

主题词：**不自信的孩子**（1. 打开自信之门　3. 点燃自信的火种
8. 让她自信起来　9. "小哑巴"喜欢说话了）
- 沉默的少数，说的可能就是他们，要重拾他们的信心；
- 他们不是没有优点和特长，只是被遮蔽了；
- 在集体中自信，先从鼓励交往开始。

主题词：**渴望关注的孩子**（2. 表扬我吧　4. 在我这里）
- 他们通过另类的方式来表达被忽略的不满，我们看到了吗；
- 给予他们关爱，正常的关爱会让他们正常地表达；
- 表扬对他们那么重要，不妨就大方一点。

主题词：**自控力差的孩子**（5. 该如何爱你）
- 当然不指望小孩子自控力有多强，但要让他们知道规则；
- 不能横向比，要看到他们自己的进步；
- 给他们提具体的要求，一步一步地改正。

主题词：**羞于表达的孩子**（6. 我是不是做错了）
- 听不到他们口吐莲花，但要理解他们内心的话语；
- 多给他们表达的机会，慢慢来；
- 儿童有一百种语言，其他的九十九种呢？

主题词：**发育滞后的孩子**（7. 一串歪斜的脚印）
- 你接受了他们，他们回归主流，这比什么都强；
- 医学的归医学，教育的归教育，两者互相促进；
- 大家的关爱是他们前进的动力。

主题词：**能力弱的孩子**（10. 寄宿在乐园里）
- 不能永远弱下去，是改变的时候了；
- 寄宿制的背景，要充分发挥机构的作用；
- 虽然在家时间短，但家园共育更要加强，以免一周之功，毁于周末。

第五辑　一份特别的爱

　　这是一群需要额外关注的孩子。他们或因为先天的原因而造成某种机能的不足，或因为环境的变故而承受重压。他们看似异常，但同样具有成长和发展的权利。他们渴望融入主流，泯然众人。在他们身上，老师倾注了心血和博爱。

1. 一份特别的爱

苏苏，男孩，6岁，一个颇为特殊的孩子。由于出生时大脑缺氧，不幸成为了脑瘫儿童，造成左边手脚不灵活。虽然苏苏的智商正常，但是因为行动不便，生活不能自理而无法如正常儿童一样顺利进入幼儿园。眼看孩子即将到了入学年龄，苏苏的父母抱着试一试的心情，陪着6岁的苏苏来到了冰厂田幼儿园，成为我班的一员。

通过与家长的交流，我了解到苏苏的基本情况：因脑瘫左手无法自然下垂，抓握无力，手指捏拿细小物体有难度。左脚无法自然舒展，走平地需借助他人或依靠物体行走，上下楼梯困难，行走时身体明显左右不平衡。因身体的缘故，苏苏日常生活大小便无法自理，缺乏独立的生活能力。所以，生活中他喜欢依赖他人，事情做不好时常会放弃，不好动。因为没有同龄人的交往，所以他不喜欢主动与他人说话，讲话时伴有口吃，唯一的嗜好是欣赏欢快的音乐。性格上时而开朗、活泼，时而内向、腼腆。家长最大的希望是苏苏能和同龄孩子一起生活，能合群；在生活学习上有自信，能尝试自己动手。最担心的是苏苏在正常孩子集体中会有心理压力，会有反常反应。

面对一个从未有过的特殊孩子，我寻思着如何解决这两个问题：

1. 如何让一个特殊的孩子顺利适应新环境，和一群健康的孩子共处，融入彼此平等、尊重、快乐的大家庭？

2. 如何帮助苏苏克服身体和心理的障碍，提高个人生活能力，成为独立、大胆、健康的孩子？

生活篇——生活中的"家长"

苏苏入园最大的问题是对集体的陌生感和生活自理上的困难。于是，我每天上下午都坚持进班。每天清晨他走进教室，我总会给他一个深深的拥抱，投以亲切的微笑和他打招呼；每次点心进餐，我会找最靠门最方便的座位给他；每次上厕所，我都会不厌其烦地搀扶他入厕，帮助他整理衣裤。遇到一天数次的尿裤，我常常轻松一笑，告诉他："没关系的，下次早点！"尽量减少孩子的心理压力。我俨然成为苏苏最亲密的人，他索性就以"妈咪"称呼。

在我的影响下，孩子们都会时不时地帮助苏苏搬椅子、替他脱衣服，照顾得井井有条。但是，这样特殊的关爱只会助长他的依赖性。怎么才能让苏苏有生活自理的主动性呢？我和孩子们一起讨论，共同为苏苏制订了一份生活方案。即每日轮流由小助手服务队负责照顾苏苏的生活，教他自己做简单的事。每教一种本领，苏苏学会了，就会得到孩子们自己做的奖状，而我也会给小助手服务队送出我的自制奖状，其乐融融。

注意生活中的言行，将家长般细腻的爱向特殊的孩子倾斜，让他感受老师和妈妈一样喜欢他，这是做老师的艺术。把爱的信息传递给每个孩子，使孩子们在实际行动中感受互相关爱、互相帮助的氛围，促进两个不同群体孩子的发展。

运动篇——运动中的"导师"

每当早锻炼开始，小助手服务队三三两两就会围着苏苏，一边帮助他慢慢下楼，一边鼓励他加油自己攀墙行走。

一天早晨，随着欢快的音乐响起，早锻炼开始了。小朋友像往常一样"护送"苏苏下楼后，自然融入队伍走走跑跑跳跳。我顺手将小凳子递给苏苏，示意他坐在台阶旁看我们跑步。但是，就在那一瞬间，苏苏微微地叹了口气，很不情愿地接过凳子。一种莫名的直觉告诉我，孩子似乎有自己的想法。于是，我嘱咐了排头的孩子后，自己也端过凳子坐在他身边。"苏苏，怎么了？"苏苏一言不发。顺着他的眼神，我看到了一群正在轻松跑步的孩子。"苏苏，想不想试试跑一跑？"苏苏腼腆地笑了笑，并无回答。"没关系的，我们试一试！"于是，我扶着苏苏慢慢走入孩子跑步的内圈，边借臂助力，边慢慢地陪他迈步。苏苏虽然困难地摇摆着身子，但是每迈一步脸上都洋溢着笑容。孩子们也边跑边给苏苏喊节奏，"1、2、1、2、1……""苏苏能跑步了，真了不起！"大家的呼应令苏苏非常得意。自此，每逢晨跑孩子们跑外圈，苏苏就跑内圈。日复一日，苏苏的脚步渐渐地轻快了，从一开始的搀扶到独立小跑，这变化令我们每个人兴奋。更有趣的是孩子们自己设计和苏苏玩体育游戏，只要成功了就奖励他五角星，并用本子记录他的成长。为了鼓励孩子们的积极性和苏苏的自主性，我们设计了争星活动，每周统计一次，满五颗星就可以赢取小奖品。

敏锐地观察孩子的表情与神态，满足孩子的心理需要。在原有的体能情况下给予新的尝试与体验，通过与同伴一起共同跑步，参与孩子们的游戏，开展争星活动，帮助苏苏感受自己的进步，营造同伴间相互鼓励的氛围，获得心理上的满足、肌体上的锻炼。

游戏篇——游戏中的"朋友"

一次游戏开始，一名孩子带来了遥控飞机，顿时吸引了很多孩子的目光。"让苏苏先玩呀，大家别争。""苏苏不会玩的，我玩给他看，这个需要两个手遥控的。"孩子们你一言我一语都很有道理。

"我也想来玩玩，苏苏，你想不想玩?"苏苏点点头。"你可以和小朋友说，'我们一起玩'"，同时我又和身边的孩子说，"谢谢你们都想到了苏苏，下次我们可以问问苏苏自己的想法，鼓励他自己来，说不定苏苏比你们更会玩呢?"大家都笑了。

苏苏不喜欢画画，从某种程度上说是拒绝画画。于是，我送给苏苏漂亮的画笔和彩色的纸，让他在游戏时可以和孩子们一起玩。一次，孩子们边听音乐边画画时，我发现苏苏开始抓笔了，点点线线组合在一起。于是，我微笑着，鼓励和启发他变换不同的笔来跳舞，繁复的线条顿时起了变化。"苏苏，你画的是什么? 太美了。""汪老师，这是时空隧道。"他的回答让我由衷地为他自豪，"苏苏，让我也来试一试。"孩子们也争先恐后地和他商量，一同沉浸在自由想象、自由绘画中。而我最高兴的是他会用自己的语言来表达，孩子们因他的主意而雀跃不已。

肯定孩子们之间的游戏方式，引导大家共同玩，商量玩。同时，鼓励苏苏大胆表达自己的想法，帮助他建立交往中的自信。教师作为孩子游戏中的一员，以平等的方式介入，有助于群体间的尊重与友好。孩子在得到老师的关心爱护以后，常常会心情愉悦，心理上产生更大的动力。

随着时间的推移，大家和苏苏都产生了莫名的情感。家长不时来询问苏苏的情况，主动为他替换衣服，买来新玩具，争做家长义工，其他班级幼儿也会关心苏苏。在大家的关爱下，苏苏的成长有目共睹。苏苏自己学会了独立行走，愿意做简单的事，喜欢和大家说话、玩耍。现在，他已经顺利成为小学生了，还成为英语科代表。

通过苏苏的成长故事，我从中得出了几点体会：

1. 蓝天下的爱是平等的。不管哪种类型的孩子都一样有受教育、和同伴一起玩耍、被周围人尊重、接受爱的权利。作为教师，我有责任通过爱的言行，用爱心滋养爱心，用温暖传递温暖，用尊重播撒尊重，用智慧启迪智慧，感染和熏陶身边的每个孩子。

2. 任何一个身体行动上有障碍的脑瘫孩子都需要成人加倍的耐心、细心和爱心。切忌用特殊的眼光看待他，过于干预和保护他，而是从话语言行上给予帮助，鼓励他做力所能及的事，这样才能让他真正感受理智而正确的爱，体验"我能行"的成功感，重塑心理完整人格。

3. 利用团队集体的力量，通过一日幼儿园生活的各环节活动，适时适宜地提供同伴间交流和交往的机会，能帮助脑瘫幼儿克服心理的拘束和不自信，更自然地融入到集体中。同时通过游戏、运动等活动，提供手、腿等大动作参与的活动机会，自然而然地促进脑瘫幼儿肢体协调性的发展。

延伸与讨论

你遇到过班上类似体能、智力弱的孩子吗？你有哪些适宜的方法来帮助这类孩子敞开心扉，融入集体，使班级孩子间相处更自然？欢迎一同关注弱势幼儿的发展并分享彼此的经验。

（上海市浦东新区冰厂田幼儿园 汪 培）

2. 打开心灵的那堵墙

女孩小怡的父母文化程度均很高，但因工作繁忙，很少和孩子进行交流，在孩子身上投入的精力较少。平时由爷爷奶奶看管孩子，爷爷奶奶的文化程度也很高，在家很注重对孩子知识性的教育。

在幼儿园里，她喜欢唱歌、看书、画画，间断性地冒出不符合汉语语法规则的话语并不断重复；记忆力很好，很多汉字听过见过，就记住了；喜欢由着自己的性子一个时段玩一种玩具，并且口中念念有词；经常莫名其妙地手舞足蹈，离开集体，做自己想做的事情，没有规则概念；平时沉默寡言，从不主动与他人交往，中班开始会站在一旁看同伴玩。

小怡的表现反映出她存在一定程度的语言障碍，究其原因主要有如下几个方面：

1. 认识理解障碍

小怡被诊断为轻度自闭症，理解别人的语言十分困难。当老师对她提出要求时，她只会鹦鹉学舌，重复这句话，却很少能做出正确的回应。她无法用正常的语言同我们进行沟通，当她想表达自己的需求或情感时，却不知如何表达。

2. 语言沟通障碍

小怡由于言语障碍不能像一般幼儿那样灵活自如地运用语言，只能通过触觉、嗅觉来表达自己的内心情感及真实感受。所以在日常生活中，她用手指抠人、用鼻子闻实物都是想接近别人的一种特殊方式。

3. 交往障碍

小怡同许多自闭症儿童一样，和别人接触时，时常会感到束手无策，不愿意直面他人，久而久之便失去了与人交往的意愿。唯有在自己的世界里，她才不会感到紧张和压抑。

针对小怡的这种状况，我们先致力于消除小怡的畏惧紧张心理，激发她与人交往的兴趣，并帮助她在活动中学习运用语言与人进行简单的交流，具有一定社会交往主动性和社会交往技巧，并积极开展家园合作。具体采取了如下措施：

1. 角色扮演，激发兴趣

在我们的角色游戏"娃娃服装店"结束后，小朋友和老师都在兴致勃勃地讨论，这时候总会发现有一个身影在"服装店"里忙碌着，小怡一边忙着给那些木制小模特穿衣打扮，还一边念念有词。看见小怡对这个游戏感兴趣了，我悄悄地观察，然后每天有意识地走到她身边和她一起来装扮模特，并且夸奖她：真棒。她听见后，眼睛看看我，没有多大反应。接着我安排了一个比较爱说话的女孩，和她一起来装扮模特，还要带着她说说给模特穿的是什么衣服，并且每次活动以后，都把她打扮好的模特拿出来展示给小朋友看。女孩先说说是怎么装扮的，然后小怡说说哪一个是她打扮的，刚开始，小怡不说一句话，就在旁边。我故意说，原来这些都是诗诗做的，诗诗真棒哎。小怡急了，马上用手指着其中一个模特。我明白她的意思，还是故作不明白。小怡急得蹦出来说：我的。虽然只是一个词语，但是对于从来不愿意开口的小怡，却是一个很大的跨越。课余时间我让她先和我玩拍手游戏，然后每天邀请一个小朋友和她一起玩玩具、做游戏，再让她进入小组中参与小游戏，慢慢过渡到集体性的大游戏中来，逐步扩大她的交往范围，使她在游戏中增强与人交往的意识。

2. 活动体验，开口说话

在托小班时期，幼儿园组织的各类外出活动，因为小怡父母和爷爷奶奶怕出意外，总是委婉地谢绝。到了中班，为了拓展孩子的视野，增进孩子的环保意识，组织孩子去污水厂参观，我们事先和家长沟通多次，建议小怡能和小朋友一起参与活动，还专门配了实习老师，让能说会道的云云小朋友和她牵手做朋友。一路上小怡特别兴奋，东张西望，旁边的云云也是紧紧拉着她的手，不停地和她聊着孩子之间的话题。在污水厂观看动画时，她眼睛直直地盯着画面，一动不动，刚走出动画室，一转眼她就不见了，急得实习生满头大汗。最后在模型室里发现了小怡的身影，她趴在模型的罩面上，津津有味地看着里面的模型，那些一闪一闪的灯，不停地跳动着五色的光彩。我走过去问她："小怡，你知道这是什么吗?"她抬起头对我说:"是什么呀?"听到她对我这么一句简单的问话,我的心里那个高兴呀,因为之前,她还没有和我说过一句完整的话呢,我高兴地抱了抱对她说:"那些灯闪着,就是说这里的机器都在正常地工作。"回家的路上,我悄悄地问小怡:"今天出来开心吗?"她笑了,低下头轻轻地说:"开心。"一旁的云云也急着说:"以后和姐姐一起出来哦,我和你牵手。""好的。"虽然是短短的几个对话,几个词句,但小怡终于能开口和老师、小朋友对话了。有了这样的一个突破,以后的每一次活动,都能在班级里找到小怡的身影,也会看到她和同伴在一起的笑容。

3. 参与游戏,满足需求

幼儿放学的时刻到了,由于人员集中,为了防止孩子被陌生人领走,我们采用游戏的形式:报名字。每天有小朋友轮流报名字,报到一个孩子的名字,该孩子回家。有一天,坐在位子上的小怡忽然冒出来一句:我也会报名字的。听到她这么说,我马上对小怡说:"好的呀,如果你明天和小朋友一起做操,放学的时候,老师让你来当小组长,参加报名字的游戏。"第二天,小怡一早就来了,小怡的爷爷奶奶很是疑惑,说今天小怡吵着要早点来幼儿园,我笑着说:"因为她答应我,今天会和小朋友一起做操的,这样晚上就能做小组长。"果然,当运动的音乐声响起,小朋友都排成了四路纵队,一向在旁边游荡的小怡,也在队伍最后站定了,和小朋友们一起做起了律动操。可见,在适当的时机和场合下,发现并抓住孩子的一个兴趣点,可以有效地激发自闭症儿童交往参与的兴趣,从而起到事半功倍的效果。

4. 小小画展,自我要求

进入大班,小怡虽有进步,但是自我控制力还很差,尤其是集体活动时随意走动。但是小怡特别喜爱画画,一次我看见她画了一幅画——一个漂亮的小女孩手提着一个小篮子,篮子里装满了草莓。画面特别的温馨。原来,周末的时候,忙碌的爸爸妈妈在老师的建议下,抽时间带小怡去摘草莓。这次和爸爸妈妈一起游玩,小怡非常开心。我把图画粘贴在教室的一角,并且拍下来放在班级主页上。小怡看到自己的作品被展示出来,很高兴,一回家就叫爸爸妈妈上网观看她的作品。从此以后,我要小怡把自己最开心的事情画下来,然后给小朋友说说自己的画。老师把她的画全部一张张贴在班级的一个墙面上，给她举办一个画展，但要求她上课的时候要仔细听，不能跑来跑去。渐渐地，小怡上课时能坐下来了，有时也会说上一两句话。

我深感在日常生活中，通过语言、交往等多种途径交流情感，不断创造机会提高自闭症孩子的语言能力和主动性。因为当自闭症孩子一旦形成良好的习惯后，就会较好地将之迁移到其他更多的活动中去。轻度自闭症孩子更要多参加活动，其自闭状态会逐渐减轻，最后融入到主流社会中去。

延伸与讨论

你的班级出现过类似这样的交往障碍或言语障碍的孩子吗？他们有什么样的特点和表现？除了医学上的专业治疗，你觉得教育干预能发挥什么样的作用？你的具体措施和经验是什么？请结合实例和同伴交流分享。

（上海市实验幼儿园　朱伟群）

3. 我的"被被"

皓皓是个白净的小男孩，内向、聪明，十分有个性。爸爸工作忙，常年不在家，由妈妈一个人照顾两个孩子，妈妈对这个宝贝大儿子尤其溺爱，生怕他受到任何身体上的伤害。在开学初家访的时候，妈妈就向我们反映，同小区的大海小朋友，在未入园时就经常对皓皓有攻击性行为，为此，妈妈很怕皓皓和大海在同一个班级里再受到欺负，对大海及其他家人存在偏见。

另外，由于皓皓在两岁时突然对饮食失去了兴趣，只吃一点面食和零食，造成头发的脱落。为此，皓皓妈妈常年给皓皓戴上帽子，也很担心同班孩子会对他有异样的眼光。

开学初，还发现皓皓整天抱着一团被子，没有被子就会哭闹不止，嘴巴里最常念叨的一句话是"我的被被"呢？

家长也认识到了孩子身上存在的问题，非常着急。多次和老师进行交谈，希望能够通过家园的配合解决孩子"受欺负"、依恋等问题。

实录一

离园活动时，由于大海和皓皓的家人都来得比较晚，所以两个孩子在"娃娃家"玩游戏。扮演"爸爸"的大海拿着"娃娃家"的塑料小刀在切菜，没切一会儿就和旁边的"哥哥"皓皓开始无目的地瞎玩起来。大海拿着小刀在皓皓的头上摆出切菜的样子，此时恰巧皓皓妈妈来接皓皓，这一幕在皓皓妈妈眼里看来是自己的孩子又受到大海的欺负了。皓皓妈妈冲进来，一把抓住大海的手，很严厉地对大海说："如果你再欺负皓皓我就打你了！"大海被吓哭了。于是，大海妈妈进来的时候和皓皓妈妈起了争执。

分析：

皓皓妈妈之所以在没有了解清楚情况的前提下无理取闹，缘由之一是与大海家长早已有积怨，以前在早教时也曾有摩擦。缘由之二是大海一直由保姆带养，其父母因为工作忙疏于对大海的照顾，保姆又不懂教育，因此造成了大海爱用动手的方式来解决问题。

这里需要说明的是：皓皓没有任何伤口，大海只是因为好玩做了一个切菜的动作而已。最后由于我的介入和大海妈妈的赔礼道歉，事情告一段落。而皓皓妈妈的做法，也给我这个有 8 年教龄的幼儿园教师上了一堂生动的课，让我反思现在的教师、幼儿、家长三者的关系如何定位？家长工作怎样去做？

措施：

首先，我妥善处理了孩子之间的纠纷，了解孩子行为发生背后的故事，是游戏中的无意行为，还是游戏中有意的矛盾行为？当家长误会了孩子之间的行为后，立即把事实的真相告知家长，以免误会加深。

其次，通知大海家长向皓皓家长做出解释，协调关系，寻求双方家长的协商沟通。毕竟孩子们，在集体生活中难免有些磕磕碰碰。不管今天大海的行为是不是故意的，在以往也有类似情况的发生，可能比今天还要严重，但是大海家长从没有郑重地给皓皓家长一个解释，所以今天的道歉是有必要的。这是两个孩子之间的纠纷，演变为家长莫名其妙的无理要求，值得我去反思：当家长的正常维权变成无理取闹时，我们一定要时刻准备着，用事实说话，了解家长的教育观念、教育态度，用心去指导他们，协调彼此的关系。

再则，在带班时，尤其是一天当中的最后一个环节，应更加关注孩子之间的行为，如：组织一些有趣、安静、安全的游戏，让孩子高高兴兴地离园。

实录二

今天早上，皓皓妈妈由于出门急，皓皓的那团小被子被落在家里了。一踏进教室的门口，皓皓似乎发觉了什么，哭着闹着不肯让妈妈走，一定要叫妈妈把被被送来。妈妈对宝贝儿子无计可施，只能带着皓皓回家拿被子。

分析：

这团小被子是皓皓从小就抱着的，虽然又破又旧，缝缝补补了一次又一次，但是皓皓在陌生的环境下总是要抱着它才有安全感，轻轻蹭着"被被"的时候，皓皓无比满足。加上皓皓从小对爸爸特别崇拜，在缺少父爱的情况下，可能也是造成他过于依赖某样东西的原因。那段时间，只要一离开"被被"，皓皓就神情紧张，哭闹不止。

2~3岁是孩子依恋最强的时期，在此阶段，孩子对特殊人与物的偏爱变得特别强烈。有研究者认为，孩子会从对物体的抚摸、摩擦中接受肌体刺激，促进自我抚慰能力的发展，同时释放紧张情绪。

措施：

1. 让家长明确"恋物"行为的发展趋向

在一定阶段，皓皓的这种"恋物"行为能帮助形成安全的依恋关系，建立起一定的安全感，有助于皓皓获取身体和情感上的满足。但长期听之任之，则会产生负面效果，重度的恋物行为还会使皓皓根本无法离开所恋之物。儿时的"恋物"行为，将直接影响皓皓今后的社会性发展，会不利于皓皓的健全发展。

2."恋物"行为的解决措施

首先，我们注重与孩子家庭进行沟通。针对皓皓的"恋物"行为专门和父母进行深入的交流，让家长了解"恋物"行为的利弊，更明确其长期发展可能产生的不利影响，达成逐步矫正"恋物"行为的共识。

其次，请家长花更多的时间陪伴孩子，尤其是爸爸应该多留点时间陪伴皓皓，这对皓皓能否戒掉"恋物"影响很大。当皓皓急切地需要该物慰藉时，用一些游戏分散他的注意力，使他渐渐减少对"被被"的依恋，让恋物习惯慢慢减少，甚至纠正。

最后，建立家园一致性。在幼儿园逐步矫正的同时，请家长做到在家在园一个样，避免孩子"恋物"行为的反复性。

经过一段时间的家园配合，皓皓再也没有和大海有任何不愉快的摩擦了，皓皓妈妈也对大海这个学期的进步给予了肯定，消除了偏见；上课、睡觉的时候再也见不到皓皓手里的那团小被子了，在没有任何依恋物的情况下，皓皓一样能阳光健康地成长。

从两个实例中，我们不难看出，不是每一个孩子的成长过程都是一帆风顺的。像皓皓这样的孩子，既受到来自身体上的伤害，小小的心灵也曾被暂时性地蒙上了一层阴影。作为教师的我们应该多关注他一点，多理解他一点，多宽容他一点。所以，教师多花一分心在孩子身上，同样也得到家长的理解和支持。相信良好的家园配合和互动，对孩子的发展一定是终身有益的。

延伸与讨论

　　在你的工作经历中，是否碰到过有"恋物"行为的孩子？你觉得原因是什么？你是怎么处理的？请和你的同人分享并分析。

（上海市浦东新区冰厂田幼儿园　缪　苗）

4 消失的宝贝

　　月月在班级中年龄小，个子也最小，体质较弱，但月月食欲却不差，碰上自己爱吃的饭菜，她也可以吃下两碗饭呢！

　　月月个性内向，喜欢一个人玩玩具，没有固定的玩伴。同时，她也是个很执着的孩子，记得冬天午睡的时候，月月脱完衣服，我就催促她赶快钻进自己的被窝，但她坚持要自己将衣服叠得整整齐齐才肯躺下，可她却一点也不喜欢自己穿脱衣服。虽然现在大部分时间她都开始尝试自己穿脱衣物，但速度还是比较慢，需要在老师或阿姨的帮助下才能完成。

我的小鸟不见了

　　在自由活动时间，孩子们正开心地玩着自己带来的玩具，月月突然跑过来说，"我的小鸟不见了"。一旁的昊昊就说道："不要紧，我们一起来帮你找找，一定找得到的。"于是我们大家就开始了搜寻大行动。可是一圈下来，什么都没有找到，大家就都坐下来，打算再让月月说说自己丢失小鸟的样子。"月月，你的小鸟有多大呢？""月月，你的小鸟是什么颜色的呢？""月月，你的小鸟是什么时候不见的？"孩子们纷纷问着自己的问题，问得月月都不知道回答谁的才好。于是，我说道："问题太多了，我们一个个问。"孩子们归纳整理出了几个重要线索："小鸟是红白蓝相间的颜色，一个小手掌的大小，是陶瓷的。"在这些线索下，我们又进行了一次搜寻，可是还是没有找到。孩子们有些急了，他们想到自己的储物柜还没有找过，又纷纷涌向自己的储物柜。而这之后，月月就有点儿不好意思了，原来呀，她的小鸟正好好地在自己柜子里的书包里呢！

　　月月是个内向的孩子，她很少和同伴一同游戏，当她发现自己喜欢的玩具找不到时，她就开始不安了，她第一个寻求帮助的对象是老师，之后我又集中集体的力量来帮助月月，想通过这样的过程，让月月感受同伴的关心、集体的温暖。

号召小伙伴们一起帮助月月来找小鸟的过程中，孩子们纷纷向月月提出了问题，寻找线索，而月月也一一回答了同伴的问题，在这一问一答的过程中，月月和同伴的互动也增多了。通过这个事件，月月和小伙伴们也开始亲近了，和小伙伴们分享她的小鸟玩具，感谢朋友们的帮忙。

消失的衣物

午睡起床，宝宝们自己穿好衣服后，陆陆续续地出来吃点心了。可等了好久也不见月月出来，我就进去看了，只见月月坐在自己的小椅子上，光着小脚丫。我问道："月月，怎么不穿袜子呢？这样会着凉的。""没有袜子。"月月回答道。"怎么会没有袜子呢？睡觉前有没有？"我继续问道。月月说："有的！睡觉起来就不见了。"我找了找周围，又找了找月月的柜子，可还是没有，后来又搬出了月月的小床，仔细翻找了一遍，也是什么也没找到。

在袜子消失的第二天，午睡起床，月月的裤子又消失了，这裤子说大不大，但也不小啊，怎么就不见了呢？于是，我问道："月月，睡觉前你把裤子脱好放哪里了？""不知道。"我马上联想了之前"猪猪"丢失的一只靴子，最后发现是被小宝藏起来了。于是，我就马上集中了孩子，给他们讲了一个"小心脏"的故事，告诉他们要做一个诚实的孩子。我看着孩子们用心地点点头就问道："今天呀，月月的裤子不见了，你们有谁知道吗？"李文昊说道："是小宝！"小宝是有过先例，于是我问道："小宝，是你做的吗？""不是，我没有！"小宝坚定地回答了我，而小宝虽然调皮，但他却是个很诚实的孩子。我就再向昊昊确认说："你是亲眼看到的吗？还是猜的？""我只是猜的。"昊昊回答道。于是，我又借着这个话题，和孩子们交流了诚信的定义。

眼看马上就要放学了，可月月的裤子还是没有找到，我只好又问月月："我们月月是个诚实的孩子对吗？那你现在好好想想，睡觉前你把裤子放哪里了？""枕头下面。""那好，我们再去找找。"而这一次，我仔细地翻查了月月的枕头，在月月的枕套里找到了这条消失的裤子以及昨天消失的袜子。因为这次的裤子体积对于月月的枕套来说，实在是太庞大了，枕套的拉链没办法拉上，才被发现的。一场"消失"的风波终于过去了。与月月交谈后得知原来裤子和袜子是月月自己藏起来的，因为之前月月找不到自己的小鸟时，小伙伴们纷纷出谋划策，想出各种办法来帮助她，这让月月很开心，所以月月就想再体验一次被伙伴帮助的快乐。

孩子爱藏东西的行为是很值得分析探讨的，对于小班的孩子来说，他们很喜欢私密的空间，对于这种藏和找的过程都很享受。而对于月月来说，她个性内向，在丢东西后，得到了小伙伴和老师的帮助，而她也很喜欢这样的感受，因为在这些事件中她得到了伙伴们的关注。而正因为如此，月月才会选择这种方式来赢得同伴们的关注。

当了解了月月藏衣物背后的意图后，我也受到了感触，月月想要的只是同伴的关注，而她又不好意思主动和朋友交往。为此，我制订了以下措施：

1. 通过集体游戏的方式，鼓励月月和小伙伴们一起游戏，在游戏中鼓励月月主动和同伴交往。比如在玩丢手绢游戏中，鼓励小朋友将手绢扔给月月，感受同伴的友好，同时通过这一游戏也创造了月月选择朋友丢手绢的机会。又如可以在角色游戏"娃娃家"中，鼓励月月扮演角色，在家的氛围中与同伴交往，表达自己的想法。

2. 关注孩子们的午睡习惯，与孩子们共同商讨午睡时衣物的摆放以及午睡时要注意的事情。可以通过故事的形式同孩子们一起分享午睡前需要注意的一些常规，同时也可以请个别幼儿操作演示。在月月摆放衣物时，老师可以给予个别的关注和指导。

经过一个阶段的操作实施后，我发现月月也越来越开朗了，在游戏中她也有了固定的几个朋友。月月的家长也告诉我，月月回到家总会和他们分享在学校里和朋友们发生的事情，这也让月月的家长很欣慰。

延伸与讨论

1. 你遇到过孩子偷偷藏东西吗？你是怎样处理问题的？

2. 孩子藏东西行为背后的意图是什么？试结合自己的工作举例分析。

（上海市浦东新区张江经典幼儿园　盛娇姣）

5. 我有妈妈

"小豆豆"是一个像豆子一样可爱的男孩。记得我第一次见他时，他才5岁，刚刚升入中班，小小的个子、圆圆的脸，他不爱大声讲话，不爱和大家一起玩儿，不爱和别人讲他的爸爸妈妈。他是一个成长在单亲家庭中的小男孩儿，在和他相处的日子里，我用心地体会着他的内心世界和他生活、学习的点点滴滴！

心的交流　爱的火花

那是九月开学的早晨，八点过后，孩子们陆陆续续来到新班级。这时，一位年轻的家长急匆匆地来到教室门口说："您是徐老师吗？""是的，请问您是？""我是孩子的家长，不好意思，今天第一天上学就迟到了！"我循着这位年轻家长的话望去，只见一个小脑袋从她的身后探出来，很是可爱，只是他的眼神有些无助，令人心疼。"小豆豆你好！我是你的新老师徐老师！欢迎你来到中四班！"我伸出双手，想把他拉到我的身边。"不要，我不要……"他用力挣脱我的手，整个人躲了起来：努力不让别人看见他。这时班上的孩子一个个都叫了起来，"豆豆，你怎么来这么迟呀？"听到孩子们这样的质疑声，他直接拉着家长的手就往外走，急切想离开这里。见此情形我便说："豆豆是个懂事的好孩子，小朋友们是等你等得着急了，其实他们很想你哦！快来和他们一起玩吧，妈妈还要上班呢！""她是我阿姨，不是我妈妈！"我的话音刚落，就传来了这样的小声回答，当时我觉得尴尬极了，同时也感觉到内心的一种不安和自责，促使我对小豆豆更是感到好奇。好不容易经过一番商量后他终于留了下来，但他总是不敢与我对视，我清楚地感觉到我们之间的距离。

后来经家访了解到，他的爸爸妈妈离婚了，现在跟爸爸和阿姨（后妈）一起生活。平时除了在幼儿园和伙伴一起学习、游戏外，其他时间都是自己一个人。爸爸上班，阿姨虽然在家陪同，但与小豆豆的交流却很少。有空时爷爷奶奶来看看小豆豆，给他一些生活上的关心，可是家长却不知道这样的环境已经在无形中忽略了小豆豆心灵的成长。面对家庭的破碎，这么小的孩子他能承受多少，谁也不知道，但他内心的恐惧、失落和无助，作为家长和老师的我们又能知道多少呢？

我走到他身边，轻轻地将他揽入怀中，摸摸他的头发："小豆豆，别害怕，以后我就是你的新老师了，你可以叫我徐老师或徐妈妈！""我不叫小豆豆，还有，我有妈妈！"简单的一句话，就能让我感受到他内心的抵触。于是我尽量去消除我们之间的陌生感，继续向他传递爱的讯息，因为我知道他需要这些。"我觉得你很可爱，小小的，就像一颗会动的豆子！"孩子们听了我的解释都快乐地笑了起来，没想到他也笑了。于是"小豆豆"便成了他的小名字！我们算是有了不错的初次交往，因为他不再躲避我了。

可能因为我是新接班的老师，我们彼此都不了解，所以他把自己保护起来，不轻易跟人接近，但当我采取轻松愉快的方式与他沟通后，使他对我产生了兴趣，也开始愿意与我接近了。

爱的教育　呵护成长

镜头一：在活动课上，孩子们快乐玩耍着，这时传来了哭声，我一看是小豆豆和另一位男孩子，急忙走过去。从其他孩子的口中得知，小豆豆抢别人的玩具，还动手推倒了小朋友。于是我便弯下腰询问道："小豆豆，是你在抢别人的玩具，还把他推倒了吗？"只见他一脸的愤怒，嘴里不停地嘀咕着："我就是要玩，就是要玩！""如果你想玩，可以和别人商量，但你动手推人这是很不好的做法哦！"可是不管我怎么说，他仍然坚持自己的想法，丝毫不让步。

镜头二：手工制作课上，大家忙得不亦乐乎，却只见小豆豆坐在那里一动不动，但眼神似乎又在寻找着什么。于是我走过去轻轻对他说："小豆豆！你怎么还不动手做呀？"他看了看我，凑近我的耳朵轻轻地说："我不会！"看着他那双渴望的眼神，我是又惊又喜，因为他几乎从没有求于人。此时我感觉心里挺高兴的，便一步一步地教他做起来，当完成作品后，他露出了甜甜的微笑，我知道我们的距离再一次拉近了！

经过一段时间的相处，我对小豆豆也有所了解了，像他这样以自我为中心，不顾别人感受的做法主要是来自家庭教育。通过小豆豆的奶奶我了解到，在家里阿姨只负责接送和料理生活，而爸爸对他的教育是"放养式"的，要什么给什么，从不与他过多地交流，大多数时间都是小豆豆自己和自己玩，所以他的内心是孤独的，他也不会和别人相处，只知道"我"想要你就得给。另外他的攻击性行为一方面是为了引人注意，另一方面似乎是为了发泄自己的不满情绪。通过多次与他的交流我也感觉到，其实他是渴望拥有朋友和关心的。因此，我们应当给予更多的关注和帮助，让他们感受多于正常孩子的爱，努力去创造一个健康的环境，让孩子积极地成长！

在集体游戏活动时，我总是主动拉起小豆豆的手，让他一起融入到集体中，以丰富多彩的活动充实他孤独的内心，让他感受到大家庭的温暖。每周故事会，我都会鼓励他大胆在集体面前表达自己，如：从简单地介绍自己开始，从短小的儿歌开始，用积极的鼓励使他渐渐脱离紧张和恐惧，更加自信。通过家园沟通，让家长给予小豆豆更多的温暖和关爱，共同帮助他去认识和接受现在的家庭并能健康快乐地成长。

通过努力，小豆豆现在能主动地融入到集体中，并享受着温暖和在集体中生活的乐趣。渐渐地，他脸上的笑容多了，主动问好的声音也响亮了。作为教师，能走进孩子的心灵世界，站在孩子的角度去理解他们的行为，我感觉很幸福。时间过得很快，和小豆豆在一起相处了一年半，关于他的故事还有很多很多，希望在以后的生活和学习中，他都会一直快乐下去！

延伸与讨论

在我们的周围有很多成长在单亲家庭中的孩子。根据你的工作经历，谈谈这类孩子有什么特点，面临什么样的成长压力，你一般会采取何种有效的教育举措？

（江苏省扬州大学第二幼儿园　徐　燕）

6. 孩子的情感世界

健康的情感，对于孩子来说，像是成长中的阳光、雨露。没有情感，就没有完美的童心。孩子和成人一样需要情感的表达，但是他们的情感较之于成人有着自身独特的特点。

魏宝是个 4 岁小班男孩，聪明，灵敏，自尊心强，敏感，性格活泼。

开学已经有一个月了，魏宝的分离焦虑已经消散了。来园时，魏宝牵着外婆的手来到教室，主动地和我打招呼，我热情地欢迎他，夸他主动。过了一会儿，魏宝外婆和我告别时，魏宝牵着外婆的手不放，"外婆，你再陪我一会儿。"魏宝外婆知道魏宝会很腻歪，所以很干脆地说："外婆要走了。"说完，魏宝外婆就走了。

可是，没过几天，魏宝的情绪又开始反复了。

魏宝给我的印象似乎就像小大人一样，他虽小，可他却有着一颗敏感的心。

那几天魏宝的情绪总是不太好，早上来到幼儿园总是拉着婆婆不愿让她离去，小家伙哭得伤心极了。但是小家伙还是挺自制的，当我抱着他告诉他"你不哭，我会发个消息给婆婆"，他马上擦干泪，"好的，我不哭。"

我在想：为什么魏宝的情绪开始反复了呢？是分离焦虑的现象又开始了吗？一定是有原因的。

于是，我想抽空和魏宝谈一谈。正好，他在看书的时候大声说话了，我就提醒他："看书时，最好别说话，说话了，会分心的。"于是，魏宝跑进卧室。接着，我们的对话就开始了。

"你为什么到卧室里来？"

"因为我伤心了。"

"那我也伤心了。你是为什么伤心呢？"

"因为你说我不好，我就伤心了。"

"那我也伤心，你没有听我的话。早上你吐了（巍宝外婆离开后哭得吐了一点），我还帮你擦鞋、擦手，我对你那么好，你还说我不好，我也伤心了。既然你这么说，那以后这些事情你自己做吧。"

"我知道了。"巍宝感到自己说不过去了。

"你知道什么？"我接着追问。

"我知道以后我自己做这些事情。"巍宝很认真地说。

"那么以后盛饭盛汤自己来吧，老师也不用帮你了。"

"盛汤很烫的，要烫死的。"

"对啊，你自己来盛行吗？平时都是老师帮你的，你也没有感谢。"

"我知道了。"

"知道什么了？"

"我感谢金老师帮我盛汤盛饭，感谢石老师帮我擦鞋子，感谢陈老师陪我睡觉。"

"那你现在还伤心吗？"

"我现在有一点点伤心。"

"为什么？"

"因为婆婆批评我画画时手脏。"

"婆婆是因为喜欢你，所以才跟你说的，画画时尽量保持手的干净，不是挺好的吗？婆婆怎么不和其他小朋友说，非得和你说呢？一定是特别喜欢你的。"

"我知道了。"

"你知道什么？"

"我不伤心了，婆婆说得对。"

"真是个好孩子。"

我笑了，巍宝也笑了。

孩子的问题，有时候是成人的问题。成人的一句话就会影响孩子一整天，甚至是一生。外婆说的一句话，让巍宝记住了。这句话让他心理不适，这句话成了巍宝的心结。要是心结不打开，巍宝的情绪一定会受到牵连。

在长期与幼儿的接触中，我真切地感受到孩子的情感世界真实而又丰富，需要成人密切关注。反思过去，我们的教育总是关注认知因素，关注生活技能的掌握，而对他们的情感反应与体验却缺乏应有的重视。

1. 珍惜孩子自然、健康的情绪感受

孩子的情感并不完全外露，有时比较内隐，我常常通过谈话来了解孩子的想法，了解孩子的自然情绪与感受。有一次，我和中班孩子就"喜欢做大人还是做小孩"这个话题进行交流，结果有 19 个孩子表示喜欢做大人，理由各不相同，有的要做数学家、科学家、老师；有的要工作，赚钱；有的认为长大了可以做超人保卫地球；也有孩子说长大了就想做个好妈妈、好爸爸；等等。不喜欢做大人的孩子有 9 个，理由是"小孩可以天天玩""小孩可以多睡觉，睡很长时间""因为小，爸爸妈妈会宝贝我"等。这些都是孩子自然、真实、健康的想法和情绪感受，教师都应予以关注、接纳和尊重，切不可认为喜欢做科学家的孩子就是理想远大、有出息，从而加以表扬鼓励，不喜欢做大人的孩子就是不自立、没出息，从而加以否定批评，无视孩子健康的情感体验。

2. 引导孩子体验和形成积极的情绪情感

每个孩子都渴望爱与被爱，这是他们成长中的心理需要，是他们最初人格形成的基点，其核心就是感受和体验。教师日常不经意的言行会成为孩子们判别自己是否被爱的依据。因此，教师每天都要注意和每个孩子交谈、交往，向每个孩子表达自己的喜爱之情，如，积极回应孩子的问好，摸摸孩子的头，抱抱他们，始终面带微笑询问他们的想法，倾听他们的诉说，并做出反应，时时让孩子有着积极的情感体验。

值得一提的是，教师在培养孩子生活能力的过程中，常常运用表扬、鼓励等方法，无意中使有些孩子产生了邀功心理，每做完一件事就会习惯地说"老师，我做好了""老师快来看呀"等。孩子出现这种现象虽属正常，但也反映了孩子们还没有完全形成对于自理生活、文明生活、安全生活、愉快生活的积极态度，于是，我尝试用自我激励的方式来引导孩子。如，在开展值日生自评活动中，我设计了一张图表，用三枚图章代表"早早来幼儿园""样样事情都完成""轻轻说话有礼貌"三个意思，让做值日生的孩子每次以盖图章的方式作自我评价。一个月后进行统计，逐渐引导孩子们认识到做一些力所能及的事、为大家服务不是为了引起教师的关注，得到教师的表扬，而是为了方便自己和大家。让孩子在自我评价的过程中对值日生工作形成积极的情感体验，促使孩子将值日生的行为要求内化为自觉要求。

3. 家园配合及时疏导孩子的不良情绪

现在的家长虽然通过各种媒体，了解了许多新的教育观念，但大多数家长还是比较注重孩子知识、技能方面的发展，比较忽视孩子的情感需要。一次与幼儿的谈话中偶然涉及"哭"的话题，"为什么会哭"的问题充分反映了孩子内心的需要、不满及困惑。据统计，有 16 个孩子的哭由家庭中成人对待孩子的态度、行为引起，如，"爸爸打我""我毛笔字写得不好，爸爸骂我""爸爸妈妈吵架，我很生气""我没错，妈妈还打我"等。另 6 位孩子哭是因交往受挫，如"没有人和我做好朋友""因为我做错一点事，小朋友就不原谅我"等。因内心需要得到满足而感动得哭的只有 1 人，"我过生日时，小朋友都和我握握手，还抱抱我，我太感动，就哭了。"我将孩子们说的话整理出来贴在"家园联系栏"里，写上"亲爱的家长，你能读懂孩子的心声吗?"这一内容，引起了家长的极大关注，许多家长看了好几遍，受到了很大的震撼和影响，他们积极与教师沟通、交流，商量策略，修正自己的言行，帮助孩子疏导不良情绪。

孩子的情感世界是丰富多彩的，如果教师能意识到并尊重孩子独特的情感世界，那么在日常活动中就不应只关心孩子学到了什么，而是应关心他们喜欢什么、不喜欢什么；不应只关心孩子行为的好坏，而应关心他们对善举有没有积极向往的意愿；不应只关心孩子有没有学会某方面的技能，而应关心他们欣赏什么、推崇什么。

延伸与讨论

平时，你有没有观察到孩子的情感的表达? 有没有在意孩子的内心世界? 当你观察到孩子的反常情感的表达时，是怎么处理的呢? 结合自己的工作经验，选取某个印象深刻的例子与同伴交流分享。

（上海市浦东新区冰厂田幼儿园　石　呈）

7. 能带我一起玩吗

圆乎乎的小脸蛋，壮壮的身体，这就是杨阳——我们班一个开朗活泼的小男孩。他很天真又有些贪玩，有时还会为受欺负的小伙伴打抱不平，所以小伙伴们都称他"杨大哥"。

杨阳的家庭是比较典型的"四二一"结构。杨阳父母工作较忙，早晚班时间不定，爷爷奶奶对于孙子又很溺爱，只要孩子吃饱穿暖，其他就很少过问，因此在教育上一直是"散养式"。在集体中杨阳虽然比较开朗，自理能力也较强，但是由于缺乏正确的引导，显得比较随性，缺乏自我约束，时常会因为睡懒觉就不来园，有时也会把小朋友玩具偷偷藏起来。

玩具不见了

最近，杨阳经常拿走小朋友的玩具，如动动的小车、丫丫的卡片……每次小朋友要回玩具时，他都说这些玩具是自己的。

午餐后，星星坐在更衣架边哽咽着，我走上前问："星星为什么哭呀？"

"杨大哥把我的'爆丸'拿走了，他说这是他的'爆丸'。"星星哭得更厉害了。

"别哭，老师帮你再问问。"我走到杨阳身边问，"杨阳，这个玩具是谁的？"

"这是我的玩具。"杨阳头也没抬就回答了。

"可星星说这是他的玩具呀？"我耐心地说，"星星找不到玩具很着急。诚实的孩子会告诉我是怎么回事。"

"哦！"杨阳轻声地说，"我就借来玩一下的。"

"没有经过别人同意就拿小朋友的玩具，小朋友会着急的。这可不是一个好习惯，要马上改掉哦。及时改正错误才能成为一名诚实的人。"

"星星现在很伤心，你有什么话跟他说？你很想玩他的玩具又该说些什么呢？"

杨阳想了想就把玩具还给星星，并跟他说："对不起，我不该没有经过你的同意就拿你的玩具。但是我真的很想玩你的'爆丸'，你能带我一起玩吗？"星星答应了。

孩子撒谎有不同的动机和原因，要加以判断分析和区分对待，采取不同的教育策略。"爆丸"是杨阳最喜欢的玩具，他隐瞒实情是为了得到小朋友的玩具，只要自己喜欢就说是自己的。但他担心被别人发现实情，会失去这些东西，也会受到责备，他就编一些小谎言来让自己的行为变得更加合理。在前几次隐瞒事实后，大家没有及时发现，后来就多次采用这样的方法来解决问题。对于这样隐瞒事实的行为需要认真对待、谨慎处理。我们可以采取下列措施：

1. 诚恳交流谈心：诚恳地和杨阳交谈，让他了解这种行为的错误，然后再给他提出建议，如可以通过商量交换玩等方式玩小朋友的玩具。

2. 鼓励弥补过失：给杨阳一次设法补救错误的机会，让他自己思考应该采取什么样的方式来弥补自己的错误。

3. 及时给予鼓励：在日常活动中多关注杨阳，在他进步时及时予以鼓励。

4. 跟进家教指导：让家长了解孩子出现类似撒谎行为的动机和正确的教育方法，家园一致，帮助孩子改掉这一行为。

我要回家

杨阳和爸爸妈妈一起旅游回来后，连续多天，每天早上都会拉着家长哭闹着要回家。

这天早上，奶奶把杨阳送到教室，他拉着奶奶的衣服，哭哭啼啼地说："奶奶你不要走，再抱抱我。"

"好！奶奶再抱抱。"奶奶心疼地抱着小孙子。

过了一会儿我走过去说："杨阳很懂道理的，奶奶要回家做事了，和奶奶再见吧！"

"杨阳出去旅游玩累了，奶奶再抱一会儿。"看到杨阳哭泣的小脸，奶奶更加舍不得离开了。

"奶奶你再抱我一会儿。我肚子疼，头也疼，奶奶带我回家吧……"

奶奶心疼地抱着哄着他："我们杨阳出去旅游，乘了飞机，吓到了。宝贝不怕哦！"

"我害怕坐飞机，太高了。"杨阳接着奶奶的话说，同时更是哇哇大哭起来。

小朋友们也来劝杨阳："杨大哥不要哭了，我们和你一起玩吧。"可是他还是紧紧拽着奶奶的衣服。结果奶奶还是把杨阳带回家了。

傍晚放学前，因为爸爸要来接孩子，奶奶又把杨阳送回幼儿园，为的是要隐瞒孩子没有上幼儿园的事。

家长的教养方式和教育态度对孩子有较大的影响，杨阳是家里的掌上明珠，特别是爷爷奶奶对他百依百顺。由于杨阳去外地旅游还没有玩得尽兴，因此来到幼儿园心情有些沮丧。而在他哭闹后，发现奶奶很心疼，因此抓住奶奶这一心理特点，哭闹着要求奶奶把他带回家。而奶奶暗示性的语言也启发杨阳为了回家而找出各种理由，如身体不适、害怕等。可以说，是奶奶的一系列不当行为让孩子觉得可以肆意妄为。像这类情况我们应该从这些方面来改善：

1. 家园沟通，教育一致：积极和家长沟通，让父母和奶奶沟通，在接送孩子的问题上，由爸爸妈妈承担，鼓励孩子按时来园。

2. 家教指导，以身作则：对家长进行家教指导，建议家长以身作则，不欺瞒不夸张，让孩子有一个正确的榜样学习和模仿。同时收集一些家教育儿的资料给家长参考。

3. 关注幼儿，及时鼓励：和孩子沟通，了解每天来园的作用，鼓励他天天高兴地来园，在进步时及时表扬，给予正面鼓励。

赞扬的魅力

早上妈妈带着杨阳来到教室，一看到杨阳，我马上迎上去说："早上好，杨阳！你今天很精神呢。"杨阳也高兴地说："我今天没有哭。"

"真棒！有进步呢！"我微笑着。

集体交流时，我说："今天我要表扬一位小朋友，他就是我们的杨大哥。你们说说这几天他有什么进步？"

"杨大哥这几天来幼儿园没有哭。"佳佳说。

"杨大哥变诚实了。"动动说。

心心说："杨大哥这几天要玩我的'爆丸'时都会跟我借，我觉得他有礼貌了。"孩子们七嘴八舌地说起了杨阳这几天的进步。

我接着孩子们的话说："我们大家都看到了，杨大哥更像个诚实、有责任的男孩了。每天能高兴地来幼儿园，能和小伙伴商量着玩玩具。我们都为你感到高兴。"说着我奖给他一颗五角星，杨阳的脸上也露出了神气的笑容。

在家长的配合下，最近一段时间杨阳由爸爸妈妈送入园，同时老师鼓励他，用集体表扬、五角星等来奖励他的进步，因此来园哭闹的情况没有了，也会跟小伙伴商量玩玩具了。

能达到这样的效果，归功于如下措施：

1. 挖掘亮点，集体表扬：鼓励孩子的点滴进步，和同伴一起发掘他的长处，让他了解自己受人赞扬之处，从而进一步养成好习惯。

2. 家长约谈，巩固习惯：老师和家长进行约谈，对孩子近期的表现进行深入交流，并和家长探讨孩子的教育策略，使孩子的好习惯得到进一步的巩固。

经过一段时间的家园配合，在双方的共同努力下杨阳真的有了很大的进步，人也变得自信了。通过这个案例，我得到的启示是：家长工作很重要，当孩子出现种种问题时，作为老师就要及时与家长沟通，取得家长的认同和配合，家园一致，这样才能促使孩子良好地发展。

延伸与讨论

你觉得杨阳这些行为是撒谎吗？哪些情况下孩子会撒谎？你觉得对此应该采取哪些教育对策？同时针对这类问题，在家长工作方面可以做些什么？

（上海市浦东新区张江经典幼儿园　周　英）

8. 是我妈妈带回来的

宝宝，性格比较文静内向，不善于言辞，但非常机灵懂事，是一名人见人爱的小男孩。

宝宝的父母在他小的时候就已经离异了，宝宝跟随爸爸一起生活。但由于爸爸的再婚，家里又增加了弟弟，再加上爸爸工作的忙碌导致宝宝长时间由爷爷奶奶负责照顾。

宝宝的妈妈则住得相对较远，不过每隔一段时间妈妈都会接宝宝去自己家里团聚。抱着对孩子亏欠的心情，妈妈一直采取的是弥补式的教育方式。

我希望拥有爸爸的陪伴

这一天宝宝由爸爸送到幼儿园，爸爸离园时宝宝突然生气地将玩具扔在地上，也不愿意和爸爸说"再见"。

于是我走上前对轻声地询问宝宝怎么了？宝宝嘟着小嘴抱怨着："最近很少看到爸爸，也很少陪我玩。"说着说着，宝宝的眼里慢慢流露出了难以掩饰的伤感，随即眼眶红了。

分析：

平日里宝宝都是和爷爷奶奶住在一起，和爸爸可谓是"周末父子"。而爸爸又是一家大型网络公司的骨干成员，所以平日里和孩子相处的时间非常少。再加上最近爸爸又忙着去外地开发新的项目，所以相处的机会就更少了。虽然爸爸已经尽量一有时间就陪着宝宝做一些宝宝喜欢做的事情，但对宝宝来说显然远远不够。

措施：

我紧紧地抱住了宝宝，并没有和他有过多的言语交流，只是让他在自己的怀里哭。过了一会儿宝宝的哭声渐渐弱了。离异家庭的子女由于在家庭得不到父母离异之前那种完整的温馨亲情，虽然老师会非常疼爱每个孩子，但是毕竟不能替代父母在孩子中的位置。

隔了几天来园时，来送宝宝的依然是他的爷爷奶奶，爸爸已经出差了。在问及宝宝回家后的情绪，爷爷奶奶都说他没什么，就打了个电话给爸爸让他早点儿回来陪他。

我希望得到妈妈的承诺

"十一"长假之后，班上的孩子都在讨论着爸爸妈妈带自己去哪里玩了，突然发现宝宝一声不吭地坐在旁边。

这时，小星星好心地拿着自己去沙滩玩时捡的贝壳给宝宝看："快看，好看吗？我妈妈帮我捡来的，有声音的哦！给你听听！"

就在快碰到宝宝身体的一瞬间，他飞快地出手打掉了小星星手上的贝壳！小星星顿时委屈地哭了起来："你赔我，弄坏了！你干吗呀！"

哭声引来了许多孩子的围观，当然也引起了我的重视。我走到宝宝身边，问他发生了什么事情，宝宝说道："她刚才的贝壳弄到我眼睛里了，把我弄痛了。"

小星星更委屈地叫喊着："没有没有！我没有！"

分析：

由于宝宝的妈妈住得非常远，和妈妈接触的时间非常少，而每次来到妈妈身边时，妈妈总会想尽一切办法哄宝宝开心。所以虽然与妈妈相处的时间很少，但是妈妈在宝宝心中还是有着无法替代的地位。

措施：

今天宝宝的行为超出了我们的想象，虽然有时宝宝不愿和人谈起自己爸爸妈妈的事情，但是却没有如此过激的反应。

事后，我们和宝宝的爸爸交流，知道了一些事情的始末，原来这次长假妈妈原本答应接宝宝回家住几天的，但是由于临时出差了，所以没有实现这个允诺。宝宝在家也生气了好几天，本以为几天的时间小家伙应该已经忘记了，但是没想到其实他的内心还是很不开心。

寒假过后，宝宝带来了海南的特产椰子饼与朋友们分享，在分享的时候除了对朋友们说"here you are"之外都带了一句，"是我妈妈带回来的，我和妈妈去海南了。"可见在单亲孩子的心中得到父母的关心关注、得到父母的陪伴是多么重要的事情。

分析：

随着离婚率的上升，单亲家庭的子女教育已成为一个不容忽视的社会问题。在这样的情况下，学校、家庭、社会更应该多管齐下，综合管理，进而形成有利于离异家庭子女心理健康发展的社会环境。

幼儿除了家庭以外，大部分时间是和老师、小朋友在一起。因此，集体中的生活制度、氛围以及与大家相处的关系，对幼儿性格的形成也有很大的影响。教师必须善于组织集体生活，引导幼儿发扬团结友爱的精神，多与家长和孩子沟通，注意观察孩子的情绪变化，让离异家庭的孩子感受到集体的爱与帮助，满足孩子安全和自尊的需要。同时，指导家长了解幼儿心理发展的特点，共同研究，相互沟通，使孩子不因家庭变故而对个性形成产生负面影响。

措施：

1. 从家庭角度出发，重视离异子女的心理健康

对于生活在离异家庭环境中的孩子，如何运用正确的教育和亲切的关怀，来弥补孩子心灵的创伤，使孩子能健康成长极为重要。

可以邀请单亲家庭的爸爸妈妈多参与学校或者班级组织的亲子活动，让孩子感受到自己和别的孩子并没有什么不一样，爸爸妈妈对他的关爱之情并不比别人少。

从案例中宝宝的心理角度出发，他可能更想得到的是来自爸爸妈妈的一句简单的话语、一个拥抱、一个亲吻。所以作为教师在日常与宝宝相处的时候可以多说几次"我爱你"之类的话语，让他们觉得自己并不是特殊的孩子，他们会得到同样的关爱。

2. 积极营造爱的氛围，帮助孩子寻找更多的伙伴

学校是影响学生成长最直接的环境。宽松、和谐、文明的校园氛围有利于学生发挥潜能，形成健全的人格。没有爱就没有教育，爱学生是教师必备的美德。得到老师的关爱，是每个学生最基本的心理要求，老师要用真挚的爱对待此类家庭的孩子。

案例中宝宝的心理压力，很大程度上来自与同伴的比较。所以作为教师，我们可以鼓励孩子在班上有几个要好的小朋友，一起学习，一起游戏。在孩子的群体生活步入有规律的正轨后，许多问题就迎刃而解了。

宝宝也可以通过与同伴之间的快乐相处，暂时忘却自己心理偶尔产生的阴霾，从而培养其积极向上的健康心理。

3. 注意观察孩子的言行，及时解开孩子的思想疙瘩

加强与此类孩子的沟通，重视一日生活中的情感教育。单亲家庭的孩子往往比较敏感，有些事情会使他们产生微妙的心理变化。家长和教师都要多注意孩子的言行，发现有异常的苗头，及时跟孩子谈心。了解情况之后，能及时疏导的就及时疏导。有的问题一下子解决不了，要进行更多的调查分析，考虑妥善的解决措施。

延伸与讨论

在你的工作经历中是否有类似离异家庭的孩子或单亲家庭的孩子？在他们的情绪因为自己的特殊身份而波动时，你是如何安慰开导他们并与家长沟通的呢？

（上海市浦东新区冰厂田幼儿园　王　蕾）

9. 用歌声带你说话

浩浩，男孩，双眼皮，白净的皮肤，很腼腆，喜欢笑。他是我们幼儿园一位老师的亲戚。刚到中班时，那位老师就和我们说了这个孩子的情况：浩浩不说话，偶尔说一句还吐字不清楚。希望老师多多关注这个孩子以及关于他的问题。

原因分析：

首先，通过和他妈妈交流及侧面了解，得知孩子很小的时候由爷爷奶奶看着，那时就发现这个孩子特别老实，很少说话，以为这是乖孩子的表现。到了上幼儿园的年龄，浩浩还是如此，只会发些简单的"爸爸""妈妈""爷爷""奶奶"的音。

中班上学期结束时，家长领着孩子到一所康复医院做过康复理疗，由于环境不好（那里接受治疗的孩子大都是有智障的弱智儿），效果自然也不明显，不到半个月就回来了。

通过我的观察，这个孩子同正常孩子相比并无异样，脸上表现出来的是一脸的稚气，也很阳光，眼睛里闪动着灵气，应该就是孩子小时候的环境影响了他，少了语言形成期的交流，是一种语言发展迟缓的表现，也就是大人常说的"孩子晚说话""语迟"。

解决方案：

通过分析、交流，我采取了以下解决方案，感觉效果还不错。

1. 同家长保持密切联系

如老师布置的需要家长配合的一些小活动、需要孩子从家长带到幼儿园的东西等，看看孩子如何把这些相关的内容转达到爸爸妈妈那里，如果转达到的话，家长肯定会有相应的反馈。同时，我也会轻轻地问浩浩："你把我的话带给爸爸妈妈了吗?"如果带到了，他会点点头；如果没带到，他会害羞地低下头。

2. 当正常孩子对待

虽然浩浩不说话，我仍然喜欢用对待正常孩子的方式对待他。比如吃饭时，我会问他："喜欢吃今天的饭菜吗?"喜欢他就点点头，不喜欢他就摇摇头。我表示接受。有问题的时候，我会看他的眼神，如果他会，他的眼睛里会流露出不一样的神情;如果有困难，他会表情有些不自然，我会拍拍他的肩膀告诉他，老师会帮助他，回家也可以让爸爸妈妈帮忙。

他用眼神带动我，我也会从他的目光里读出更多。就像与其他正常孩子用语言交流一样。

3. 用歌声带他说话

喜欢唱歌，这是孩子的天性，浩浩也不例外。只是他没有其他孩子那么兴奋，那么外露。我知道他怕人，所以他和小朋友一起唱歌的时候，我的目光从不与他的目光碰撞，我会趁他不注意的时候走近他，倾听他的"歌声"，读懂他脸上的表情。

我喜欢叫他到前面来唱歌，并不是他自己，而是和许多小朋友一起，因为他对于老师的邀请表现得很爽快，很乐意。

在日常生活中，我会更多地利用歌曲的带动力，让浩浩"开口"说话，用特别的方式与我们交流。

4. 善用表扬与鼓励

虽然浩浩做的事情，一直比正常的孩子差很多，但我仍然愿意用我普通的话语表扬与鼓励他，吃饭吃得干净不掉饭粒，我会对他说，"浩浩真是好样的";唱歌时看到他张大嘴巴在"唱"，我会对他说，"浩浩的歌声真好听";早上来幼儿园时浩浩不哭不闹，我也会不吝惜我的话语表扬他，"大家看看浩浩最喜欢上幼儿园了，从来都不哭。"对此，他会有很大的反应，从他的眼神里能够读到，因为他的眼睛里，满是激动与喜悦。

效果与成效:

1. 开口说话了

刚开始时，通过电话询问家长，浩浩把许多信息都漏掉了。慢慢地，通过我和家长的配合与交流，浩浩变得懂事多了:能拉着妈妈的手，指着书告诉她，老师需要妈妈和他一起完成书上第几页的小制作;浩浩要唱歌给妈妈听;妈妈要给浩浩讲书上的故事;浩浩要考考妈妈6个添上1个是几个……虽然浩浩的话语极其简单，可妈妈和老师都能理解。

越来越多的话题出现在浩浩与妈妈、浩浩与老师之间，我知道是我们的交流起了作用，这是我们共同的努力取得的回报。

2. 比"点头与摇头"更好

在接受了浩浩的点头和摇头之后，我把要求提高了一些，我会当着所有孩子的面告诉大家：老师问你们的事情，不要用点头和摇头告诉我，会你就说会，不会你就告诉我不会。如果老师也用点头和摇头对待你们，你们感觉好吗？孩子们笑了，浩浩也笑了。

从此以后，班里的孩子很少再有点头和摇头的现象，在群体的影响下，自然浩浩也少了许多这种回答方式，会说简单的"会""不会""吃""不吃"。当我再问浩浩"今天的饭菜好吃吗"时，浩浩会不好意思地笑着说"好吃"或者"不好吃"。

3. 大声地歌唱

通过和孩子们一起唱歌，我发现浩浩特别积极，我也曾让他站到我身边和其他孩子一起唱歌，我把头轻轻地靠在他身边，倾听……我能听到一些不自然的声音发出来，有些声调不对，有些字词间断着漏了，但我能感觉出浩浩的开心。错，我们不怕，难能可贵的是"开口"说话，是他响亮的声音，虽然这些都只局限于群体活动中，可这也是一个美好的开始啊。

"妈妈，妈妈，你歇会儿吧，自己的事情我会做了……不再麻烦你呀，亲爱的好妈妈。"听着孩子们稚嫩的歌声，看着浩浩执着的表情，我为我们的努力与坚持而开心。

4. 给他鼓鼓掌

就像在唱歌中一样，听到浩浩的"大声歌唱"，看到浩浩的嘴巴张大发出声音，我表扬了浩浩："刚才浩浩小朋友的声音洪亮，唱得真好听，你们听到了吗？我们一起给浩浩鼓鼓掌。"浩浩只是笑，灿烂地笑。

表扬与鼓励得到的启示：无论大事小事，在得到表扬与鼓励之后，浩浩的表现都会更加积极，主动去参与一些集体活动；平时很注意地上的垃圾，有了就赶快捡起来；从家里带来好看的图书，会和好朋友一起分享；在和其他小朋友的交往中，也会落落大方，说上几句可爱的话语。

成长小记：

从点点滴滴的改变着手，在表扬与鼓励中成长，浩浩发生了一系列的变化：

早上浩浩来到活动室，故意在我跟前转，不走。我问他："浩浩，你干吗呢？转来转去的，把老师都转晕了。"他笑，低头说："鞋……"我也笑了，原来浩浩今天穿了双新鞋，想给我展现一下。

曦曦在哭，她忘记带彩笔了。浩浩拿了自己的彩笔，说，"你用我的吧"，曦曦破涕为笑，用感激的眼神看着浩浩。

浩浩拿着垃圾主动跑到我跟前，举给我看。我说："你真是个讲卫生的好孩子，快扔到垃圾桶里去吧。"浩浩朝我笑了笑，快步跑向垃圾桶……

中午，浩浩拿着杯子到我跟前："吃药……"他知道到了他吃药的时间了。

下午，浩浩高兴地拿着一本故事书跑到我跟前。我眼前一亮，人在兴奋的时候，是容易忘我的。所以，我赶紧问他："谁的书呀？""我的……"我继续追问："谁给你买的？""妈妈……"

我弹完一个小旋律，孩子们会一起说"one，two"，我听到了浩浩响亮的声音"one，two！"

一点一点，许多许多。变化是微小的，积聚起来就是成长的闪光之处。浩浩不仅仅在说话方面有了长进，与同伴交流、相处时，也有了很大的改变。所有这些积极的表现，无一不是他的进步。

浩浩正在慢慢走向我们希望的样子：好说，乐说，侃侃而谈。

我渴望，浩浩是一只茁壮成长的雏鹰，每天都在进步，每天都能快乐，每天都能说出自己想说的话。

延伸与讨论

1. 你遇到过不爱说话的孩子吗？你是怎么处理的？效果如何？

2. 如果这个孩子"金口难开"，无论你怎么引导，他都不"领情"，你会如何慢慢走进他心中，让他早日走出内心的阴霾？

（山东省费县实验幼儿园　王敬云）

10. 孩子的专属表情

每天，当我看到一张张纯真无瑕的笑脸，都让我感到无比的幸福与踏实，因为从孩子们的表情中，我可以感受到他们的内心世界。呵护童心，从了解孩子们的专属表情开始。

表情，透视着个人在社会交往中的一种情感、态度，不同的人遇到不同的事情都会通过表情流露出来，天真的孩子们，更是拥有无限丰富的表情，总在不经意间吸引着你走入他们的世界。

孩子有自己的专属表情，它是我们走进其心灵世界的密码，学会解读他们的表情，探寻其背后的故事，会让我们更加接近他们的内心，达到心与心的交流。

有种表情叫：内疚与自责

游戏时，小天到处游走，要么在一旁看别人下棋，要么就坐着自己想事情，没有积极参与自己想玩的游戏。过了一会儿，突然听到有人大叫："不好啦，天天把墨汁打翻了。"我应声走去，只见"文房四宝"区的墨汁打翻在地上，小天呆呆地站在那里，接着往后退了几步，小手紧紧地拽着裤子，眉头紧蹙，表情凝重，嘴里小声地不断重复说："我家里有墨汁，我明天带来。"接着就开始用小手捶打自己的腿，从他的表情中我读到了内疚与自责。于是，我连忙说："没关系，我们一起把这里弄干净吧。小天是不小心的，每个人都有不小心的时候，我们一起帮帮他吧。"说完，小天连忙去拿小拖把，过来的时候紧锁的眉头已经松开了，换上了轻松、积极的表情。当地面重新变干净的时候，小天的脸上呈现出高兴的表情。

小天在我们班是一个比较特殊的孩子，由于身体的关系，每天都只来半天，所以在与同伴交往中缺乏自信。游戏时间常以观察其他幼儿游戏为主，不能自主地选择游戏，与同伴的交往也很少，平时在家中也较少出去玩，造成他内心的不开放。疏于交往的他比较缺乏与人交往的好方法，使他在集体中有些孤立，没有相对固定的同伴朋友，在心理上充满了孤独感和不自信。当遇到问题时，表现得十分自责，将很小的问题放大，面对同伴指责的目光和大声的告状，小天的内心无法承受，以焦虑的表情、自我惩罚的方式来回应。事后，我与他妈妈聊过，说小天回家后立即和妈妈讲了这件事，要妈妈帮他一起将墨汁带来幼儿园，情绪还是比较低落。

从小天的表情中，我不仅读到了当时他心中的害怕、内疚与无助，更发现了在他表情背后隐藏的真相——孤独、不自信、缺少与同伴的交往。

其实这样的孩子还不少，他们刚刚走出家庭，进入幼儿园这个小集体，面临新的环境、新的人际交往圈的挑战，很多孩子会因为一点小困难就封闭自己，回避问题。作为教育者，我们应该及时读懂他们的细微表情，给予他们心灵的支持，让他们勇敢地接受挑战，锻炼自己的内心。

有种表情叫：骄傲与不屑

在一次故事分享活动中，我出示了一些关键的字让孩子来猜，大班的孩子对文字很有兴趣，一个个都积极地举手，每当有孩子说出来时，飞飞就不屑地说："我早就知道了，有什么了不起。"边说还边斜着眼睛看着同伴。我没有在集体面前评价她的这种行为，而是请她把这些文字都来介绍一遍。介绍完，飞飞满足地坐下了，又和同伴一起认真地投入活动。

到了大班，孩子们的个性更加张扬，在认知水平达到一定程度后，很多孩子会以自己懂得比别人多而骄傲、自满，并处处在语言、表情中表现出自己的强势，甚至出现排斥同伴来突出自己的行为。飞飞在家中每天都在父母的强压下认字，由此积累了较大的识字量，但在家中的学习让她很压抑，内向的个性使她在集体中的自信心不够，由此当她发现自己在这方面比别人优秀的时候，她马上抓住这一优势炫耀，以满足她被人认同与肯定的需要。

成人的教育观念，潜移默化地会传递给自己的孩子，让越来越多的孩子误认为学习好就是优秀的表现，其实孩子缺乏的是全面地认识自己，比如会交往、有礼貌、会整理等都应该是自我评价的内容。当孩子对自我评价发生偏离时，担当教育者的我们应该敏锐地发现问题，帮助孩子一起寻找其身上的亮点，将孩子的关注点引到更值得让自己骄傲的方面，让其他同伴也来发现自己身上拥有的闪光点，为自己真正的优秀品质感到自豪。

有种表情叫：关注与肯定

每天早晨的自主游戏时间，孩子们都很喜欢阅读图书，关注我们的"新书推荐"区，在"分享时刻"的时间，孩子们都会迫不及待地上来介绍。下面的孩子在安静倾听的同时，小脸上表现出很不满足的表情，有疑惑，有思考，有不信服的意味。当我说："现在是你问我答的时间"，一双双小手都举得高高的，表情认真、严肃，一触即发。请到的朋友滔滔不绝地讲述自己的想法，并提出自己的疑问，俨然一个小小的记者招待会。从他们的表情中，我读到的是孜孜不倦的求知欲，想得到老师关注的那份内心渴求。老师一句鼓励的话、一个肯定的眼神可能都是给予他们内心平衡的一束阳光。

大班孩子的认知与语言正处在飞速发展期，很多孩子都有了自己对事物的看法，好奇好问是促进孩子不断学习的动力。所以当老师发现这种表情时，要给予积极的回应，保护孩子的这种好学的品质与精神，不断地鼓励、催化这种积极探索的行为。不妨和孩子共同分享这种表情，积极地加入他们探寻的队伍，站在他们的视角，会发现更多成人所无法看到的世界，多给他们肯定，让他们更有动力向前。

幼儿期情感的需要是非常需要成人来关注的，一个情感充沛的孩子，他更能与同伴积极交往，更能形成良好的自我概念，所以我们要尽可能地给孩子留出多的空间来表达，满足孩子的需要，及时捕捉孩子的微小情绪，鼓励他们更加自信地表现。孩子小，但孩子们的想法并不小，需要我们细心地去呵护，帮助他们更加阳光地呈现不同的自己，这需要老师很多的实践智慧。

儿童的世界是个谜，表情世界更需要我们细心地去关注，观察它、分析它、破译它，是了解儿童内心世界的一把钥匙。这样的表情故事还有很多，同样的表情在不同的情境中又会有不同的含义，让我们一起来关注孩子们的"专属表情"。

延伸与讨论

1. 在日常工作中，你还观察到孩子的哪些表情？在这些表情的背后，你读懂了些什么，又是怎样做的呢？

2. 你有没有观察到孩子同一种表情背后所蕴含的不同含义呢？请举例与同伴交流分享。

（上海市浦东新区冰厂田幼儿园　奚春芳）

延伸与讨论指南

主题词：脑瘫（1. 一份特别的爱）

- 理解家长的渴求，理解孩子的渴求；
- 给予额外的爱和努力，给予平等的尊重和态度；
- 微小的进步都来之不易，发动更多的人来帮助他进步。

主题词：言语障碍（2. 打开心灵的那堵墙　9. 用歌声带你说话）

- 言语发展源于环境，要给予环境的补偿；
- 没有病理的原因，总会开口说话的，要不懈努力，要有耐心；
- 同伴的交往，同伴的交流，这是最好的途径。

主题词：恋物（3. 我的"被被"）

- 恋物的背后是缺乏安全感，缺乏自信，寻找无谓的依靠；
- 要逐渐消除恋物情结，但要给他安全和信任的环境；
- 集体生活会解决他的问题，人比物要更温暖，更有爱。

主题词：私藏物品（4. 消失的宝贝）

- 与偷窃是两码事，不要混为一谈；
- 原因复杂，或源于喜爱；或是玩小把戏；或为引起关注，需对症解决；
- 正反两方面策略：玩藏东西的游戏；杜绝私藏东西的机会。

主题词：重组家庭（5. 我有妈妈　8. 是我妈妈带回来的）

- 大人的关系解体了，只能尽可能降低对孩子的负面影响；
- 单亲与重组虽有不同，但父母爱孩子是天职；
- 不必刻意回避，不必故作同情，必须让孩子学会面对并适应，影响未必就是负面的。

主题词：情绪波动（6. 孩子的情感世界　10. 孩子的专属表情）

- 月有阴晴圆缺，孩子更是如此，孩子的内心藏不住秘密；

- 把那个秘密找出来，帮助孩子想办法解决；
- 支持孩子的各种情感表达，引导更积极的情感表现。

主题词：撒谎（7. 能带我一起玩吗）

- 孩子的撒谎与大人不同，但也要认真对待，不可放任；
- 区分无意与有意，前者淡化，后者教育；
- 不要当众处理，但要让孩子明白原则，诚实当然是美德。

第六辑　有姐姐的样子

　　这是一群幼儿园孩子的交往进行曲。同伴之间两小无猜，亲密无间，虽然也可能伴随着矛盾、纠纷和冲突。教师未必是一个指挥者，但无疑能使交往进行曲更悦耳动听。

1. 有姐姐的样子

斐斐是班里的大龄幼儿，除生活外，各方面能力都较强。平时生活在大家庭里，与爷爷奶奶等祖辈朝夕相处，性格文静懂事。由于父母平时工作繁忙，老人的起居都围着斐斐转，造成了斐斐在生活方面对成人的依赖较多，尤其是就餐问题，吃饭速度慢，且挑食现象严重，不愿意吃幼儿园的早点。

第一顿早点

今天是斐斐第一次参加早上来园后的混龄活动，看到小二班很多小朋友都在吃点心，原本兴高采烈的斐斐立刻迟疑了起来。

看到我也在看她，便悄悄走过来，拉着我的手，小声地对我说："姚老师，我能不能不吃点心？"

我向她示意了一下正在吃点心的弟弟妹妹，说："你看，弟弟妹妹都在吃，你一个人不吃……这样好吗？"

斐斐看了弟弟妹妹一眼，我以为她又要提出新的借口，没想到她虽然有些不情愿，但还是爽快地说了一句："好吧，那我就吃一点点。"

我立刻大大地表扬了她："真棒！有姐姐的样子！"

斐斐嘴角露出了浅浅的笑意，拿好杯子坐到了一个小班小朋友旁边，开始了本学期第一顿早点。

吃了一半的早点

"那个小朋友，你怎么点心没吃完就走了？"第二次混龄活动的时候，眼尖的生活老师突然叫了起来。

循声望去，生活老师口中所指的正是斐斐。

正在给小班妹妹介绍玩具的斐斐涨红了脸，不知所措地看着生活老师。

"快来把剩下的点心吃完。"斐斐低着头，坐回原来的位置，继续吃起了点心。

吃完点心的斐斐显得闷闷不乐，与小班妹妹在一起时也没有了起先的热乎劲。

我蹲下来，轻轻地问斐斐："刚才怎么没吃完就走了，盘子也没放好，你平时不是这个样子的嘛。"

斐斐委屈地说："因为妹妹吃得比我快……"说着有点儿哽咽。

我拍了拍斐斐的肩膀："我知道了，你很想给弟弟妹妹做榜样，你觉得你必须要比妹妹吃得快，对吗？"

斐斐使劲地点了点头，泪水夺眶而出。

"没关系的，我知道你的想法是好的，但是不能因为这样而浪费食物。想一想遇到这样的情况你可以怎么办？想好了一会儿告诉我好吗？"

斐斐点点头，我凑近她耳朵轻轻地说："好了，姐姐不要在妹妹面前哭哦，要给妹妹做榜样哦。"

斐斐擦了擦眼泪，努力克制着自己的情绪。

在随后的分享谈话活动中，我们就这一问题展开了讨论：哥哥姐姐要照顾弟弟妹妹，要一直和他们在一起，但是妹妹吃得比姐姐快，先离开的情况下可以怎么办？

斐斐举手说："自己要吃得再快一点。"

"可以让妹妹等一等。"有小朋友说。

"中班的小朋友，你们想过吗？你们既可以认识弟弟妹妹，又可以认识哥哥姐姐，如果你对自己吃点心的速度不是很满意，可以怎么办？"我继续问道。

"找哥哥姐姐。"马上有小朋友不约而同地回答道。

"对，你们可以根据自己的情况自由选择同伴，在你遇到困难的时候，不要忘了，还有哥哥姐姐呢！明白了吗？"

"明白！"大家异口同声，斐斐回答得特别响亮。

和姐姐一起吃早点

今天斐斐来得有些晚了，餐桌旁零零散散还剩几个小朋友在吃。

"啊，我的好朋友已经吃好啦，我要加油了。"斐斐一边找位置一边喃喃自语道。

我注意到她虽然看似随便找了一个位置坐下，但是坐在她旁边的是在场唯一一个还在吃点心的大班朋友。

晚到的斐斐努力地喝着牛奶。

不一会儿，周围小朋友都吃好了点心，斐斐显得有些局促了。

我注意到坐在斐斐身旁的大班小朋友一直是一个人在那里默默吃着，见她正欲起身，我上前问："你认识的新朋友呢？"

"她今天没有来。"

"哦，这样啊，她今天没来，你也可以认识一下新朋友。比如坐在你旁边的中班妹妹。"

大班小朋友看了下斐斐，立即说："哦，那我等等她吧。"

"你叫什么名字？"大班小朋友问道。

"我叫斐斐。"见到有人陪她，斐斐很热情地回答。

吃完点心后的斐斐向大班朋友提议："我们一起去和怡怡（斐斐认识的小班朋友）玩吧。"

大班朋友很高兴地一口答应。

和妹妹一起吃早点

今天斐斐早早地就来园了，来到小二班，看到怡怡，很高兴地走到她面前说："看，我今天带了个新玩具，我教你怎么玩。"

怡怡饶有兴趣地看着斐斐手里的玩具，拿过来玩了几次都没有成功，斐斐一遍又一遍耐心地教着。

到了点心时间，斐斐对怡怡说："我们去吃点心吧。"两人相约坐在一起开始吃起了早点。

今天的斐斐吃点心时注意力格外集中，边吃还对旁边的怡怡说："我妈妈说吃东西不能吃得太快，不好的。"

怡怡似懂非懂地看着斐斐，并没有放慢速度。

"你吃慢一点，吃得快容易呛住。"斐斐继续说道。

此时的怡怡已快吃完点心，斐斐立刻把手中的饼干放进嘴巴，捧起杯子大口地喝起来。边喝边对怡怡说："你等一下，我们吃好一起去玩好吗？"

怡怡点点头。

不一会儿，斐斐也吃好了点心，两个人一起从餐桌离开。

分析与反思：

1. 混龄活动中的自我约束

斐斐平时来园较晚，时常错过点心的时间。赶上的时候，又常常以"早饭吃得太饱"为理由拒吃点心。当老师建议她尝尝味道的时候，斐斐总是会面露难色，眼圈泛红，此时站在旁边的家长就会说："她早饭吃很多，不想吃就算了。"渐渐地，斐斐成了班里不吃早点的"VIP"。

从实录中可以看出，斐斐从迟疑到询问"我可以不吃点心吗？"一改以往的我行我素，说明这样一个场合让她意识到了自己行为的不妥，增强了规则意识和自我约束。

"好吧，那我就吃一点点。"虽然有些勉强，但斐斐考虑到老师的提醒，在弟弟妹妹较多的场合下，作为姐姐，要起一定的榜样作用。于是，她从"不吃"到"吃一点点"，适当地调整了自己的需求和行为来适应现在所处的混龄环境。

2. 混龄生活中的责任感

斐斐在吃点心方面比较固执，但是一提到"姐姐"两个字，就觉得自己有责任要吃点心。从不吃点心到吃一点点，从吃一点点到要求自己吃得比妹妹快，无形中对自己生活能力的要求不断提高。

由于平时吃饭爷爷奶奶喂得较多，造成斐斐吃饭注意力很不集中，常常东西放在嘴巴里嚼着嚼着就不动了，或者吃着吃着就停下来发呆了。这一现象在混龄生活中得到了很大的改善，因为心中有明确的目标和强烈的责任感，斐斐在不知不觉中提高了进餐速度，改善了注意力不集中的问题。

3. 混龄生活中的自我认知

小班的弟弟妹妹吃得比中班的哥哥姐姐快，又由于是寄宿制小班，本身的生活能力较强，混龄地点又设在对小班幼儿来说非常熟悉的自己班级里，看上去他们似乎并不需要哥哥姐姐的过多帮助，这对于一心想要成为哥哥姐姐，照顾弟弟妹妹的中班幼儿来说，的确是一个不小的打击。

然而，处于中班的幼儿又有相对于小班和大班来说没有的一个优势，就是他们选择交往对象的范围更大一些：可以选择做哥哥姐姐与小班幼儿交往，也可以选择做弟弟妹妹与大班幼儿交往。正确的自我认识和自我评价可以促进其在混龄生活中的有效性。

斐斐在遭到"挫折"后，下意识地选择了与大班幼儿一起吃点心，正是基于对自己吃点心能力的预估。而和大班幼儿的顺利结对，给了斐斐安全感和自信心，让其在混龄生活中稳步提高。

延伸与讨论

你的幼儿园尝试过混龄活动吗？你觉得混龄活动对孩子各方面能力的培养有何益处？通过本文并结合你的工作经验，就幼儿园混龄活动对个体成长的特殊作用与同伴交流分享。

（上海市浦东新区冰厂田幼儿园　姚小舟）

2. 我也会体贴人

圆圆脸，大眼睛，小麦色的皮肤，这就是贝贝，一个机灵鬼，活泼好动，和陌生人一下子就能相处好。这个快乐的小家伙刚开始给人的感觉是虎头虎脑，可万万没想到的是，他带来的问题也不少。

印象深刻的第一天

"妈妈呀，妈妈——"来园的第一天，家长离开后，满教室哇哇大哭的孩子，老师左手抱一个，右手搂一个，脖子上还挂一个，忙得不可开交。这种时候，不哭的孩子显得特别的可爱。

"我放动画片给他们看。"贝贝还没得到我的同意，就自顾自地打开电视。

"我没说要放动画片呀？再说你也不会放。"我很诧异地看着贝贝。

"家里都是我自己放的。"贝贝坚持要开电视。

分析：

作为一个新入园的孩子，贝贝能克服分离焦虑并大胆地和老师对话，已经显现出不同于其他孩子的特质。而且他很有主张，能为自己据理力争。这样的孩子往往喜欢出风头，在班中要不就是"班长"级的领导人物，要不就是麻烦的制造者。

措施：

"现在教室这么吵，动画片放了也没人看，要不，你做小老师，帮我发糖吧。"既然有这么能干的小帮手，何不好好利用呢！

效果：

"不哭的有糖吃"，贝贝模仿着我的话，捧着糖罐依次发糖。孩子们看到淡定的贝贝，似乎也觉得没什么好哭的。再加之糖果的诱惑，教室里的哭声逐渐微弱。贝贝则得意地充当着小老师……

我就喜欢揭人短

贝贝特别容易和别人争吵，总是有小朋友来告状说贝贝讲坏话，一开始我还不明白怎么回事。直到有一次，贝贝笑眯眯地对我说："老师，我很喜欢你。你的头发卷卷的，眼睛大大的，两只牙齿一前一后……"当时，我真是"无颜以对"，牙齿不整齐一直是我的心头大碍，羞于启齿，更没人如此"侮辱"过我的牙。我真是好笑又好气，看着他高兴的样子，该怎么办呢？

分析：

孩子是最天真的，看到的，想说的，不经过任何的修饰和改造。他们不懂得回避别人的缺点，往往容易"出口伤人"，但实则没有任何恶意。

措施：

"你喜欢我我很高兴，但你这样说我的牙齿，我有点伤心。比如：贝贝是个小胖子和贝贝长得很结实，哪一句让你高兴呢？"

"后面一句。"贝贝很快回答。

"是呀，没人愿意被人批评和揭短。所以老说别人不好的孩子就常常会和别人争起来。下次，尽量不说别人坏话好吗？"

"好。"

效果：

"讲坏话"的告状少了，但贝贝偶尔仍会不小心地攻击别人的短处。可能与他爸爸是律师有关系吧，喜欢抓人话柄和弱点。这也需要家庭中成人的示范和引导，可以试试从家长处入手。

是谁先打谁

"老师，贝贝打我！"旺旺哭着来告状。这已经不是第一次，基本天天都会有孩子来告状。

"是旺旺先打我，我才打他的。"贝贝觉得自己有道理。

"没有，我就是走过去碰到他一下。"旺旺哭着辩解。

"不是，他就是打我。"贝贝很肯定地回答。

"我没有打。"

两个孩子谁也不承认是自己先动的手。

分析：

家访的时候，贝贝妈妈曾说到过，贝贝在托儿所时常被年龄大的孩子欺负，所以律师爸爸告诉他，谁要打你，你就还手，这叫"正当防卫"。可能是这样的论调导致贝贝特别容易觉得受侵犯。

措施：

贝贝的自我保护意识过重，要让他减少动手的次数，首先要让他觉得自己不是被侵犯了。

"你说旺旺打你，用哪里打的呀？""手弯。"贝贝说不清部位。"是这里吗？"我摸摸手肘。"是的"。我用手肘碰碰贝贝的胳肢窝，他笑着躲了躲。"我这样算打你吗？""不算。""那为什么旺旺用这里碰你，你会认为他是在打你呢？难道你用手肘去打人的吗？会不会真的是不小心碰到呢？"听了我的话，贝贝沉默了。为了不让贝贝觉得老师偏袒旺旺，我又对旺旺说："你碰到别人道歉了吗？"旺旺说："我还没来得及说，他就打我了。""原来是这样误会的，旺旺，下次碰到别人要赶快道歉。贝贝，下次也要问清楚好吗？"贝贝点点头。

老师还必须和家长取得认识上的一致。我和家长进行了交流，指出他们的"正当防卫"论在幼儿园是不适宜的。幼儿不太会用语言表达自己的愿望，更多的只能依赖于动作，造成许多理解上的偏差。我列举了许多在工作中遇到的事例，让家长非常信服地接受了我的观点。

效果：

对于贝贝比较突出的打人问题，想让他一下子就改过来还真不容易。虽然，随着年龄的增长和相处时间的增多，贝贝已能判断小伙伴一些动作的含义，但有时仍会出手还击。我让贝贝自己制定规则，在活动中即使被别人不小心碰到，也绝不能去打别人！如果违反规定三次，就取消游戏资格。有了小伙伴的监督，贝贝打人的坏习惯也在不知不觉中得到了改正。

竞选风波

我试图采用民主评议的方式评比"小组长"，我提到了贝贝，小朋友们对此反响强烈。有的说"贝贝往小朋友身上扔书"，有的说"贝贝欺侮其他小朋友"，有的说"贝贝饭没吃完"……眼瞅着"评比"就要变成"揭短"了。我连忙说："贝贝你自己来说说。"贝贝很不高兴："那我也做过好事的。我帮老师拿东西，做值日生，给小花浇水，我还努力改正缺点的！"

分析：

孩子有被理解和尊重的需要，面对不同个性特点的孩子，我们成人的教育方式也应千变万化。哪怕是调皮捣蛋的孩子，也有闪光点。一味地批评会让孩子在同伴中失去地位，丧失信心。

措施：

为了引导孩子发现贝贝的闪光点，每次贝贝一有进步，我就有意识地在全体幼儿面前表扬他，而且鼓励孩子们积极帮助贝贝，一起来寻找贝贝的优点。

效果：

后来，孩子们寻找贝贝优点的积极性空前高涨，越来越多的幼儿成了贝贝的好朋友，贝贝被人提到过的优点也越来越突出，他自己也有意识地去努力维护自己的优点。

贝贝也会体贴人

"老师，贝贝把我的新书弄坏了。"看着那本书的"大口子"，我不禁皱了皱眉。这时候，贝贝突然跑过来，激动地说："不是这样的，是阳阳自己不好，他自己弄坏的。"我还来不及说什么，阳阳就说："我没同意他看我的书，他偏要看。""那我又没有弄破你的书，是你自己撕坏的！""如果你不看，我怎么会'藏'，不'藏'，又怎么会弄破呢？"

分析：

当问题发生后，孩子们往往在意的是到底是谁犯了错，生怕受老师批评，所以竭力推卸责任。可是，却没有人想到如何去解决问题。因此，追究责任并不是解决问题的最佳办法，而是要引导孩子去面对问题，处理问题。

措施：

我让孩子自己动手去"解决"。我把胶带和剪刀拿出来，放在桌子上。

效果：

在活动结束时的讨论交流环节，一件令我意想不到的事情发生了，轮到贝贝发言时，他说："今天，我和阳阳把书弄破了，后来我们又一起把它修好了。修书是一件很难的事情，徐老师平时修书的时候一定很辛苦。所以，我们一定要当心一点，要轻轻的，别再把书弄坏了。"

我被贝贝感动了。

在磕磕碰碰、打打闹闹中，贝贝度过了三年幼儿园生活，他在幼儿园中学会了与同伴相处，交到了许多朋友。同样，贝贝也试着收敛自己的任性，越来越懂道理。人无完人，每个人都有自己的缺点与优点，孩子的成长是一个既复杂又丰富的过程。

1. 公平对待每一个孩子

不管是调皮的、任性的、内向的、活泼的，孩子有自己的个性，不偏爱任何一种，能让孩子感觉到老师的公正，更信服老师。

2. 扬长避短，以"群众力量"来约束"群众"

孩子有自己的自尊，希望获得同伴的认同，利用孩子自身的优点来鼓励他，能让孩子更小心地维护自己的优点，获得同伴的认同感。

3. 不轻易下判断

许多事情不能根据表面现象去断定一个孩子，要更多地深思孩子的行为，找到问题的症结，帮助孩子去改善。

延伸与讨论

你是如何看待"爱闯祸"的孩子的？该如何帮助这类孩子"扬长避短"呢？请结合工作经历举例和同伴交流分享。

（上海市实验幼儿园　徐樱君）

9. 细心源于关爱

嘉嘉是一个乖巧懂事的男孩，在认知领域上发展得很好，积极参与各项活动，是老师心目中的好孩子，不用操心。可是在此次幼儿园所开展的混龄活动中，我却发现孩子在社会性发展上存在一些问题。

纠结中的嘉嘉

第一次混龄游戏开始了，孩子们个个跃跃欲试，都想去自己喜欢的地方。嘉嘉高兴地报名，想去中班的"恐龙园"。老师离开后回到了教室，准备本班游戏环境创设。这时嘉嘉突然回来了，说是"恐龙园"太吵了，不想去了，那里的人太多了。我想可能是第一次参加混龄游戏，孩子没有完全适应，就让他在班级里参与本班动物育婴室的混龄游戏吧，下次会好的。嘉嘉表现积极，并且乐于在开场介绍中向其他班级里的孩子介绍本班的游戏环境。

之后的两次混龄游戏，嘉嘉还是不愿意去其他班级参与游戏。

第四次混龄游戏时，在老师的鼓励下，嘉嘉愿意到"海洋世界"去玩。可令老师意外的是，嘉嘉在混龄学习开展到一半的时候，紧张地溜回了教室，一个人从一楼摸索到三楼，好像有坏人在后面追他一样，脸色苍白。事后从"海洋世界"的老师那得知，孩子刚进入学习就溜走了。

在第五次游戏时，嘉嘉在老师的再三要求下，不情愿地前往"青青草原"玩，老师追踪观察，发现嘉嘉处于旁观状态。之后了解到，有两个比较皮的孩子在教室里大吵大闹，还发生了肢体冲突，嘉嘉吓得一直坐在椅子上，不愿意参加游戏，也没走出教室。

混龄游戏打破了班级的界限，孩子们可以自由选择游戏教室。不熟悉的环境让孩子一下子失去了方向，嘉嘉感到不适应和不自在，因此选择了逃避。第五次混龄游戏中，由于老师之前的要求"一定要坚持到游戏结束再回来"，他便选择了不参与到游戏中，只是旁观。

怎么会这样呢？这和平时的嘉嘉完全不同。细心的老师进一步跟踪，记录嘉嘉的混龄游戏的状况。

老师，你别走

第六次游戏，嘉嘉不愿意走出教室，老师答应陪同他一起去别的教室参与游戏，嘉嘉终于选择了"宠物乐园"作为游戏的教室。在陌生的环境中，他拘谨、紧张，但是看到老师在角落里坐着，心里踏实很多，也较为积极地参与到学习活动中。看着嘉嘉又表现出和平时一样的状态，老师也放心了。活动中需要孩子们合作绘画一幅作品，可是在与不熟悉的同伴交往沟通中，嘉嘉缺乏正确的交往方式，哥哥姐姐给他提的想法，他不愿意接受，不愿意搭理别人。在游戏即将开始时，教室里会发出较响的桌椅推动声，嘉嘉一个劲儿地说"太吵啦，太吵啦"，并且动手打周围发出吵闹声的孩子。之后的角色游戏中，嘉嘉向那里的老师提出想做银行的收银员，在老师的指导下，他较为熟练地为孩子们拿钱，似乎已经忘记了最初的不适应。老师放心地回到了教室，可是没想到嘉嘉过了几分钟也回来了，并且再也不愿意回到"宠物乐园"的教室中。在老师的要求下，他才勉强同意和老师一起回到"宠物乐园"，做完游戏再回教室。但是在之后的游戏中，他只愿意待在自己熟悉的同伴周围，观看小剧场的演出，并且眼睛一直偷偷看老师，仿佛想对老师说："老师，你别走。"在游戏中，他的情感体验是不愉快的，处于高度紧张的状态中，担心所熟悉的环境遭到破坏。游戏的结束音乐刚响，他就赶紧拉着老师的手，冲回自己的教室。

在班本化的活动中，嘉嘉的认知发展、社会性发展、情感发展都较好。但在他班的混龄活动中，嘉嘉的不适应表现较为突出，与平时的行为反差较大，引起我们的重视，并寻求对策。

首先，孩子的性格特点是慢热型的，在一个熟悉的环境中，孩子能够较好地发挥自己的想法。但是到了一个陌生的环境，面对不同年龄尤其是年龄较大的中大班孩子，嘉嘉相对来说处于弱势，在与人交往中，显得很拘束。在周围环境出现吵闹等情况时，更加深了嘉嘉的不安全感，嘉嘉便退缩，甚至选择逃离让自己感到很不安的环境。性格是天生的，在和家长沟通中，老师提议家长多带孩子外出，不要宅在家里，多去动物园、植物园，到大自然感受外面的美好，拓宽孩子的视野。爸爸妈妈在此后的双休日给孩子列出了清单，去手工坊 DIY，去森林公园感受大自然，去儿童世界和其他孩子一起玩。一个月下来，嘉嘉更加善于表达了，喜欢和伙伴们分享自己的周末时光。

其次，嘉嘉在平时的活动中，好的表现较为突出，给老师留下的印象是乖巧、懂事、聪明，因此老师忽略了他在社会性发展方面的欠缺，在此次混龄活动的开展过程中，他的社会性交往问题便暴露出来。在班本化的活动中，老师发现嘉嘉一旦与他人发生冲突矛盾，总是选择用打人的方式来解决，别人不小心碰到他，他总是跳起来，性子很急，很不高兴。因此，在平时要及时纠正孩子的不良行为，教给嘉嘉正确的沟通交流的方式。当嘉嘉和另一个孩子要争抢看一本书时，老师告诉他："嘉嘉，谁先拿到谁先看，后面一位就要学会等待。""嘉嘉，如果你很想拿到一样东西，要有礼貌的请他让给你，而不是用打，这样别人不会给你的。"在每一次的交往技巧传授中，嘉嘉的社交能力明显有了进步，不常看到他和伙伴们起冲突了。

最后，从家访了解到，嘉嘉的父母较多关注孩子的认知能力发展，传授孩子各种认知经验，参加各类数学、英语等活动，但是对于孩子其他方面能力培养关注较少，使孩子在生活上对家人的依赖较大，不愿意自主进餐，穿脱衣裤需要大人帮忙。孩子对外面的世界认识较少，因此面对不熟悉的环境时，会表现出不适应，面对较为强大的对象，会缺乏安全感，随时准备用武力的方式自卫。孩子在家里喜欢观看《奥特曼》这类轻暴力的动画片，这对孩子的社会性发展也会产生影响。因此，在家园沟通中，家长也意识到教育的缺失与偏颇，并且将注意力放在孩子的自主性的培养上，鼓励孩子自己穿衣脱裤，增强嘉嘉生活自理能力的自信心。同时，家庭中提供孩子健康的益智类节目，给孩子一片纯洁的天空。

多参与社会活动，增加社会交往技能，加强与家庭的沟通，才能不断提高嘉嘉的各方面的能力。

关爱孩子，不能只关注到孩子好的方面，只有及时观察孩子在细节中存在的行为问题并纠正，孩子才能更好地成长。要做到此，唯有细心，而细心源于关爱！

延伸与讨论

嘉嘉这样的孩子有什么特点？你的工作中遇到过类似的孩子吗？你觉得应该采取哪些有效的措施？请结合实例和同伴交流分享。

（上海市浦东新区冰厂田幼儿园　陈玲琳）

4. 异国小精灵

一头卷曲微黄的头发，一身休闲时尚的装扮，一副古灵精怪的样子，这就是权途赫——一个帅气善良的韩国小男孩。在和他相处的那段日子里，时间悄悄流逝。他的成长，他的进步，我在用心体会着……

初次见面，给予母爱

"凌老师，送一位韩国来的小男生给你，他中文不太流利，你以后要多多关照！"循着园长的话望去，只见一个小脑袋从一位年轻妈妈的身后探出来，微卷的头发，无助的眼神，令人心疼。

"来，孩子，到老师身边来！"我伸出双手，好想抱抱他。

"不、不……"他抱住妈妈的双腿，使劲挣扎，似乎想离开这陌生的地方。

妈妈走后，孩子更加恐惧，他看看我，再看看班上其他的孩子，"哇"的一声大哭起来，嘴巴里喃喃自语，虽然听不懂他在说什么，但我看出了孩子恐惧的内心，他渴望关爱。

分析：

异国的孩子，来到一个完全陌生的环境，语言又难以沟通，会被种种的不适应包围。焦虑、恐惧、失落与无助会给孩子带来巨大的心理压力。

措施：

我走到他身边，轻轻地将他揽入怀中，拭去他脸上的泪水，摸摸他的头发，"哦，宝贝，不哭不哭。"就像母亲哄孩子般，向他传递爱的讯息。

效果：

可能他并没有听懂我的言语，依旧哭闹着，但我明显感觉到他哭的声音渐渐变低，直至抽泣。

融入集体，找到归属

操场上，孩子们奔跑着、打闹着，只见权途赫一个人坐在一旁。我走过去，弯下腰询问道："你怎么了？"权途赫一脸漠然，喃喃自语："我……想妈妈……朋友……"尽管他的中文听起来很费劲，但我还是强烈地感觉到孩子此刻的不安。

分析：

经过这几天的相处，权途赫已不再哭闹，但他是孤独的，他想念以前的朋友，渴望得到更多的关爱。心理学研究表明，每个人都害怕孤独和寂寞，希望自己归属于某一个或多个群体，这样可以从中得到温暖，获得帮助和爱，从而消除或减少孤独和寂寞感，获得安全感和归属感。

措施：

1. 手拉手，我们都是好朋友。游戏活动时，我主动拉起权途赫的手，一起融入到集体中，以丰富多彩的活动充实孩子孤独的内心，让他感受大家庭的温暖。

2. 我是小小讲解员。积极创设环境，如：表演游戏"我是小小讲解员"，我请小朋友轮流拉着权途赫的手，向他介绍自己、班里的环境、物品等，使他熟悉在园的一日生活常规。

3. 我的祖国。通过绘画活动、谈话活动等形式让权途赫了解中国，增加其对中国的喜爱。同时，请权途赫向大家介绍韩国的一些风土人情。我想，只有了解各自的生活，才能更好地走进彼此的内心世界。

效果：

通过一次次的手拉手，权途赫初步感受到了集体的温暖以及在集体中生活的乐趣。渐渐地，权途赫脸上的笑容多了，在活动中他不再是一副事不关己的样子，开始尝试和同伴一起游戏，乐在其中。

点点滴滴，助其成长

镜头一：思一跑过来告状："老师，权途赫打我！我不跟他玩了！"只见权途赫耷拉着脑袋，一副无精打采的模样。

镜头二：绘画活动中，权途赫趴在桌子上，手拿油画棒，在同伴图画纸上乱画一通，"哎呀，你干吗！"同伴气急败坏，他却一脸得意的坏笑。

分析：

权途赫已初步适应新环境，但是因为中文不流利的缘故，让他和同伴不能很好地沟通交流，结果导致他没什么朋友，形单影只；另外他的攻击性行为一方面是为了引人注意，一方面似乎是为了发泄自己的不满情绪。

措施：

1. 小老师的作用。我在班上请孩子们轮流做小老师，一方面让孩子们教他学中文，提高权途赫的语言表达能力；另一方面想通过学中文的这一过程，增加他和同伴间的情感交流。

2. 挖掘闪光点。权途赫的攻击性行为使他和同伴之间的关系不太协调，小朋友常常出于害怕而疏远他，满足不了交往需要的他便只好以新的攻击行为来引起同伴的注意，如此这般形成"恶性循环"。为此，我更注意挖掘他的"闪光点"：当他带来遥控汽车玩具时，我就专门请他介绍、演示玩法并指导同伴玩；当看到他主动收拾玩具、排放桌椅，我会夸他能干，让全班小朋友向他学习。通过种种办法，使他逐渐树立自信，感受到大家庭的温暖。

效果：

经过几周的努力，权途赫的中文进步了不少，大家时常拉着他的手一起交流，同伴的告状声也越来越少。操场上，留下了他蹦蹦跳跳的身影；教室里，他谈笑风生，好似一个快乐的小精灵。

蹲下身来，平等对待

在"种子排队"的活动中，孩子们兴致勃勃地在给种子排队。这时，我发现权途赫趴在桌子上，一动不动，一头微黄的卷发格外显眼。我走过去询问情况，他不理我，仍然趴在桌上不肯抬头，我轻轻地抬起他的小脑袋，发现一向神气活现的他竟泪流满面，我的心不禁一颤。

"权途赫，你怎么了？"我摸摸他的头发。"我……我不会。"他的声音略带沙哑，显得很伤心。"没关系，我们一起排吧！"我把他的操作篮摆正，"现在我们就要把这颗红豆排在红豆标记的后面，就像早晨我们做操时排的队伍一样。"我边说边放下了第一颗红豆，权途赫也学着我的样子排起了第二颗、第三颗……到了第六颗的时候，他的袖口碰到了操作材料，排好的红豆全散了，滚得满桌都是，"我不想排了！"权途赫又不高兴了，眼泪在眼眶里直打转。

分析：

在指导幼儿给种子排队之前，我也尝试过，虽然很小心，但也不能完全避免豆子滚动的状况。孩子在操作时，出状况就更加难免，挫折感、焦急、放弃的想法一并席卷而来。

措施：

"没关系，我们再来一次，不着急。"我帮他整理好红豆，"瞧，就这样，慢慢地，把手臂抬高一点，不碰到它们就行了。一、二、三……"在我的带领下，权途赫重新拿起红豆接着排队了。

在指导权途赫的时候，我用"蹲下来"的方式，和他一起排种子，减轻他的心理负担，给予他支持和鼓励，通过示范，引导他掌握排种子的要点，让他学会去解决问题，而不是包办代替。

效果：

"老师，红豆排好了。""老师，你看！这是我给黄豆排的队伍！"排好种子的权途赫开心地笑了。

作为教师，走进孩子的心灵世界，站在孩子的角度去理解他们的行为，既帮助他们克服了困难，也保存了他们的独立与尊严。

依依惜别，真情感人

放学时，权途赫的爸爸用不太熟练的中文告诉我们，他们全家下周就要回韩国了，虽然我一直保持着微笑跟他交谈，但是我的心在一点一点地往下沉，一股心酸的滋味涌上心头，真的很舍不得他离开我们。

孩子们得知权途赫要离开我们时，纷纷表示不舍，有的孩子给他送了漂亮的玩具，有的孩子亲手制作了爱心卡片，虽然相处的时间并不算很长，但孩子们之间的友谊却是浓厚而真挚的。"爱"不分国界。

临走前一天，权途赫父母来和我们道别，告诉我明天他们就要回国了，权途赫很难过，和我们说再见后，依依不舍地下了楼梯。我忙走到南阳台想再看看这个曾经给我们带来快乐的小男孩，就像有心灵感应一样，权途赫也转过身来朝二楼阳台的我挥挥手……

短短的半年时间，权途赫这个韩国男孩，已完全走出了当初的反感与抗拒，与一群中国孩子相亲相爱，融为一体。他的中文进步很快，性格活泼，对我们当地的民俗文化充满了浓厚的兴趣，这与教师的悉心引导和精心呵护是分不开的，相信如今远在韩国的权途赫一定也会时常想念在中国的这段日子，虽然短暂，但却美好！

　　祝福你，权途赫！

延伸与讨论

　　你接待过插班的孩子吗？你是怎样帮助来自异国或他乡的孩子及早适应环境的？这些孩子经历了怎样的适应过程？你做了何种努力，印象最深的案例是什么？

　　　　　　　　　　（江苏省姜堰市第二实验幼儿园　凌　玲）

5. 点名小帮手

班上有个叫乐乐的孩子，不善交往，每天沉静在自己小小的数字世界里，爱算题目，爱看时钟。因为他缺乏交往技巧并以自我为中心，往往一言不合就会和小朋友发生肢体冲突，小朋友也担心他会抢夺自己的玩具。就是这样的一个乐乐，使得他和我们的集体有些格格不入。虽然我们采取了很多的办法和教育策略，但乐乐还是成为班级中不受欢迎的小朋友。

当他做了一些很出格的事情时，我们会批评他，及时纠正他的不当行为。由于乐乐的情绪易激动，又哭又闹，所以往往会将他进行短时间的隔离，进行冷处理。也多次和家长进行了家园沟通，但是效果不佳。很多时候总是他一个人孤零零的，可能是希望引起老师和同伴的注意，反而会感觉到他有意放任自己，故意放大捣蛋行为或者是自己的哭闹声，影响班级集体活动。

经过和搭班老师的商量，我们觉得对他采用严厉批评的方式可能并不是很好的办法，只能够达到短时间内抑制他不良行为的效果。这种方式对他长期行为改善效果不佳，有时候反而会起反作用。由于乐乐有数学方面的天赋，而且记忆力非常好，于是决定采取多多鼓励的方式，扬长避短，发挥他长处作为强化物来促进他良好行为的发生。

热心的乐乐

每当我打开播放器时，乐乐总会不顾上课纪律开口就说：老师，某某歌曲在第几首。一开始的时候大家都会觉得奇怪，可是乐乐每次都说得很准确。大家发现乐乐的记忆力非常好，只要一说到英语歌曲，首先会想到乐乐知道。由于他的热心帮助，我们能快速地找到想要的歌曲。我们会时不时地表扬他"你的记忆力可真好，谢谢你的提醒和帮助"，也会用他喜欢的方式请他播放音乐作为奖励。

　　每当点名时就发现乐乐总能比较好地遵守纪律，不太会随意离开集体，能够尽量坐在自己的座位上，认真听着老师报名字或者是报学号。他能记住全班小朋友的学号和对应的名字。每当老师问小朋友，今天谁没来？他总能够很快地说出缺席小朋友的名字和学号，并且向老师汇报班级总人数。久而久之，我们班级的小朋友也认可了乐乐是个数学天才，乐乐的本领有时也挺大的。

　　当我们发现他认真听讲的时候也会及时表扬他，并且把这些他乐意做的事情，当作一些小任务派给他。渐渐地，乐乐在集体中虽然还是很另类，但是开始有了一些正面的评价，不像以前那样老是调皮捣蛋，良好的行为在逐渐增多，更加适应集体生活。为了让乐乐更好地适应幼儿园生活，与班级同伴有比较好的交往，我们在角色游戏中，特别关注乐乐的交往活动，采用一些方式引导，利用强化方法，帮助和促进他的社会化发展，使他对集体有归属感，能够结交好朋友，也更加喜欢班集体。

悄悄变化的乐乐

　　在起初的角色游戏中，他几乎很少主动选择游戏，宁可一个人在衣帽架玩自己的玩具，只对自己感兴趣的东西有持久性。即使是主动选择的游戏，也经常会和别人发生冲突，是教师重点关注的对象。通过一次次的个别交流和小组集体讲评活动，乐乐的行为开始有所转变。

　　1. 角色交换

　　角色游戏时间到了，只有乐乐一个人还在游荡徘徊，于是我就问："乐乐，今天你想到哪里玩呢？想扮演什么角色？"乐乐开始犹豫："我想当银行职员，可是东东已经当了，那么我该怎么办呢？"于是我就拉着乐乐去其他地方，看看还有什么想玩的游戏。乐乐依旧很执着，明显不乐意。我说："如果你真的今天也很想当银行职员，那么你去和东东商量一下吧！要好好商量哦！"于是乐乐就笑嘻嘻地去找东东了，在东东那里软磨硬泡，先想到了用猜拳的办法，可是东东不和他猜拳。然后他想来想去，说我们用时间来计算吧！你玩一半我玩一半，东东有点儿动摇了。然后乐乐请老师来帮忙，长针指到数字6的时候我们交换好吗？我看倒也是个不错的好办法，而且合情合理，两个人游戏时间也差不多。东东很高兴地同意了乐乐的提议。

2. 小舞台音响师

新一次的角色游戏开始了，乐乐已经能够先观察然后有目的地选择游戏了。乐乐主动担任小舞台音响师的工作，为演员播放音乐。他先看了看今天的节目表，然后查看了录音机，接着就询问小演员需要第几首歌曲。因为乐乐非常熟悉音乐播放器，也能够看懂图示符号，不一会儿音乐就准备好了。在演出当中，乐乐还会主动询问演员，你们准备好了吗？需要再放一遍吗？在表演休息的时候，还会和小演员一起分发小舞台优惠券，玩得不亦乐乎！

在扮演音响师的过程中，乐乐充分发挥了自己的特长与优势，他喜欢操作 CD 机，对于歌曲曲目也早已熟记于心，游戏活动还创设了他与其他幼儿的交往机会。在这一次次的交往过程中，大家都慢慢接受了乐乐，也开始喜欢上乐乐，欣赏乐乐的本领。乐乐也更加自信地在集体面前表达自己，对自己有了正面的评价，逐渐发挥自己的才能与优势。

通过一段时间的行为干预，我们欣喜地发现乐乐的点滴进步。交往方式上的转变，使他从一个不受欢迎的小朋友渐渐被集体接纳，获得认可，从而找回了自己的自信与快乐。在这个过程中，我们改变了以往的教育策略，减少了批评和指责，给乐乐一定的空间，允许等待，允许选择，尊重他的想法。挖掘乐乐身上的特质，发挥他的特长，鼓励他参与集体活动表达自己的想法，当乐乐出现良好的交往方式（询问、商量、交换等）及时强化，给予表扬和奖励，让良好的行为方式得以巩固和持续，让他在和同伴交往时建立自信心。

延伸与讨论

你班级里有没有像乐乐这样，喜欢一个人游戏，沉浸在自己的世界里，不愿意和同伴交往的孩子呢？遇到这样的孩子，你有哪些好方法引导他参与集体活动？欢迎大家一起交流。

（上海市浦东新区冰厂田幼儿园　陈姗珺）

6. 向着阳光前行

每个孩子都是一个与众不同的个体，每个孩子心中都有一个独特的小太阳，这个小太阳会散发出不同的光和热。教书育人是一门艺术，教师的伟大在于宽容，教师的力量不仅是知识的传授，还在于关爱。每个不同的孩子，都有享受爱的权利。

冲突不断

中班有一个名叫政政的孩子，在市妇幼保健院被诊断（怀疑）为阿斯伯格综合征。政政常常与班上孩子发生各种各样的矛盾，虽然这不是政政在故意"捣蛋"，但是，这确实让班上添了不少的"乱子"。只要是政政想做的事、想要的东西，没得到满足，就非常生气。控制不了自己情绪时，还会做出些反抗性很强的行为，例如打人或是猛打自己等"自残"行为。有一次，在英语活动结束时，英语老师给活动表现好的小朋友奖励糖果，由于政政不遵守规则，所以没有得到奖励。当时政政极为愤怒，双手握拳，冲出教室，跑到楼梯扶手处，想翻越扶手栏杆向下跳。老师扑了过去，紧紧地抱住政政。当时在三楼，回想起来，真是惊险。政政有明显的社会交往困难，缺乏对他人情感的理解力，缺乏交流技巧，使得交流总是以失败告终。

寻找闪光点

我决定先从帮助政政寻找闪光点开始。在一次手工活动时，我手中拿着一架自制的飞机，说："小朋友，你们看看，这么漂亮的飞机，是用什么做的？"政政认真地说："纸巾筒。"于是我开始展示如何做飞机，我展示完以后，政政在材料区拿起一个纸巾筒，在纸上画了飞机的翅膀和轮子，剪贴好了翅膀和三个轮子后，一架手工自制飞机就做好了。第二天，政政在自选工作时，不仅做了一架飞机，还很有创意地做了挖土机。放学时，政政拿着自己的作品，高兴地告诉妈妈："妈妈，这个飞机和挖土机是我自己做的。"看着政政那得意自信的样子，我打心里感到高兴。经过多次观察，我发现政政对美术有浓厚的兴趣，空间感特别强，并能长时间专注地进行美术活动。

鼓励美术创作

每一次政政把自己的美术作品拿给我看时，我都会十分欣赏地竖起大拇指说："政政，这真好看。"看到老师十分欣赏自己的作品，政政也很自豪。我也和家长沟通，政政的父母也对孩子进行鼓励。现在，政政不仅在幼儿园进行美术创作，而且在家也非常专注地进行创作。一本大大的 A4 图画本一天就画完了，政政还把自己的作品全都贴在了自己房间的门上，并认真地告诉妈妈："以后我要开一个作品展，你们看我的作品是要收费的，一人一元，两人两元，三人三元，一百个人，一百元。"

每次绘画或手工活动时，政政都全神贯注地倾听，十分专注地进行活动，这对于政政来说，是十分难得的。因为政政的注意力很不容易集中，常常因为一些很小的事情而转移注意力，但是，在进行美术活动时，政政都不会受影响。鼓励政政做感兴趣的事情，并从中取得成功，有利于增强政政学习的意愿，并有利于培养政政的专注力。

问题行为的纠正

关爱从一点一滴做起，问题行为的纠正，也要从一点一滴做起。阿斯伯格综合征孩子的问题行为是客观存在的，我们不能回避，也无法回避，政政有很强的"以自我为中心"的问题。在一次活动时，小朋友都举手了，政政快速地站了起来，走到老师跟前，想参加活动，可是，老师没请到政政，政政就非常生气，握紧拳头，大哭起来并双拳猛打自己的胸部。见此，我马上走到政政面前，把政政抱在怀里，用温和的语气说："政政，请你陪我去美术室，拿点手工材料，好吗？"政政停止了哭闹，想了片刻，点了点头。到了美术室，政政看着各种各样的美术作品，情绪就完全平静下来了。看到政政情绪稳定了，我用"换位思考"的方法与政政沟通："如果老师总是请某个小朋友，不请你，你会高兴吗？同样的道理，老师总是请你，而不请别的小朋友，其他小朋友也会不高兴的，是吗？"政政想了想说："是的。"我说："下次活动时，如果老师没请你，请你耐心等待，不要生气好吗？"政政说："好的。"当政政情绪难以控制时，我就带他到美术室，等他情绪稳定下来后，再和他慢慢地讲道理。渐渐地，活动时，当老师要请别的小朋友时，政政能耐心地等待，比以前能控制自己的情绪了。

进行情感教育，增强社交能力

在班上，小朋友被政政攻击性的行为吓怕了，都不敢跟政政玩。政政也不喜欢被孤立，喜欢和小朋友一起玩，但他又不会和小朋友相处，当小朋友拒绝和他一起玩时，政政就会失控般地踢小朋友或打小朋友。这真是件令老师头痛的事。通过观察，了解到政政的攻击性行为只是为了和其他小朋友一起玩。于是，我便开始教政政交往的技巧和方式。首先从拥抱开始。我先请小朋友和政政拥抱，化敌为友。我引导小朋友："政政其实是很想和大家做好朋友，只是，政政还没有找到交朋友的方法，我们一起帮帮他好吗？我们每个人都给他一个拥抱，表明我们都是好朋友，好吗？"小朋友纷纷表示同意。走到政政旁边，张开双手与政政拥抱，政政也尝试着和小朋友拥抱。看着政政伸开手臂来控制接触距离，虽然是有点像机器人一样的程式化，但小朋友和政政之间通过接触，开始相互理解，小朋友也慢慢地接受政政，政政也慢慢地减少了对小朋友的攻击性行为。现在，当小朋友在做美工制作遇到困难时，政政会主动教他们。政政的这种对同伴的友好情感也迁移到了老师身上。例如小朋友喝水时，政政会给老师倒一大杯水说："老师，你的水。"的确，老师也经常没顾得上喝水。政政，真的感谢你！

学会用"商量的口吻"

在一次蒙氏自由工作时，政政想取数棒工作，可是，这份工作已经有一个小朋友拿了，他就走到这个小朋友的旁边，说："我要这份工作。"就把材料拿在手上。小朋友当然不让，就争抢起来了，于是，两个小朋友都哭了。看到政政与小朋友发生矛盾，老师蹲下身用商量的口吻耐心地与政政沟通："政政，当你想拿小朋友的工作时，对小朋友说'我要这份工作'是行不通的哦，可以尝试一下说'我和你一起完成这份工作，好吗？'或'等你完成这份工作，就给我，好吗？'等等商量的口气与小朋友说说，看看有没有效果，好吗？"政政点了一下头，转身对这个小朋友说："等你完成这份工作，就给我，好吗？"小朋友答应了。两个小朋友都笑了。当政政在活动中，积极举手，但老师没有请他时，政政会说："下一个请我，好吗？"现在，政政很自豪地对妈妈说："妈妈，我不是班上最淘气的孩子了，对吗？"

延伸与讨论

你遇到过有阿斯伯格综合征或其他类似的孩子吗？他们是否存在交友障碍？你是如何处理的？他们是否存在某种天赋？你又是如何引导的？请你和你的同伴分享并分析。

（广东省珠海市宝贝一家幼儿园　林伟玲）

7. 走出内向的"乖乖女"

猫猫，是一个众人眼中的"乖小孩"。回想入园初，她默默不语，低头胆怯，性格内向。而今她一天天地成长与进步着，开始尝试主动交往，时而也开怀大笑……点点滴滴的转变历历在目，让我见证了一个"乖乖女"的成长！

放下形影不离的"喜羊羊"

"学习活动要开始咯，请大家把玩具收好，坐到座位上！"听到我的指令，孩子们纷纷收拾起自己的玩具，陆续回到了自己的座位上。

环视一圈，发现猫猫仍紧紧抱着"喜羊羊"，便提醒道："猫猫，先把'喜羊羊'放好，等下课后你再和它玩，好吗？"猫猫听后，摇了摇头，把"喜羊羊"抱得更紧了。我走到她身边，看着她，发现她的眼圈红红的，一副想要哭的样子。

分析：

入园不久的猫猫，失去了家人的庇护，面对陌生的环境，她感到焦虑与恐惧。而"喜羊羊"是她最喜爱的玩具，在她心目中，这不是一个娃娃，而是她的"家人"。因此，"喜羊羊"的陪伴给予她一股无形的安全感，帮助她舒缓紧张的情绪。

措施：

我蹲下身子，摸摸她的头，微笑着劝道："那我们再去搬一把小椅子，让'喜羊羊'坐在你旁边，陪你一起学本领，好不好？"温柔的语气与态度，是想让猫猫知道我懂她、知她，并不会拆散她和"喜羊羊"。

效果：

猫猫恋恋不舍地把"喜羊羊"放在了身旁的椅子上。这一举动让我很兴奋，因为这预示着猫猫正尝试敞开自己的心扉，接纳园内的新生活。

找到有共同语言的好伙伴

镜头一：自由活动时，猫猫独自一人坐在教室的一角，一言不发。"我带了彩泥，一起玩吧！"小星星走上前来笑着对猫猫说。猫猫看了看小星星，没有说话。见猫猫没有拒绝，小星星便拉起她的手，说道："你可能不会，我来教你！"边说边做了起来，搓搓捏捏完成了一根"棒棒糖"后，兴奋地拿给猫猫看，说："请你吃。不如你也做一个！"说完便往猫猫手中塞了一团彩泥。猫猫正想搓，可小星星又立刻把彩泥抢了过去，说："不是这样搓的，我教你。"自顾自地搓了起来，越玩越开心，完全忘记了猫猫的存在，而猫猫也静静地在一旁看着，见小星星似乎没有继续搭理的意思，便又默默回到了自己的座位。

镜头二："呵呵呵……"一阵爽朗的笑声吸引了我。循声而望，看见猫猫和聪聪正看着一本图书，不知书上什么内容引起了他们的兴趣，只见他俩时不时在耳边低语，猫猫也频频点头，时而露出浅浅的微笑。当听到我"收玩具"的指令，猫猫便拉着聪聪的手，吞吞吐吐道："聪聪，我们两个都喜欢'喜羊羊'……嗯……其实我家里也有一本……嗯……我下次也带来一起看，好吗？"聪聪点了点头。

分析：

个性内向是猫猫社交能力弱的因素之一，她不知该如何发起交往，与同伴交流。纵观以上两次交往中，猫猫面对不同性格的幼儿，有截然不同的表现。

面对如小星星般这类表现积极、能力强的幼儿，猫猫的表现是被动接受，默默不语、静静等待。原因可能是小星星过于强势与主动，性格的差异给猫猫一种无形的压力，促使她在交往中显得较为压抑与自卑。

而面对如聪聪这类个性温和、有着共同兴趣的幼儿，猫猫在相处中能表现得更为自如，耳边低语、主动相约。可见，猫猫需要的并不是那些会命令、指导她的"强势伙伴"，而是那些与她性格类似、趣味相投的"朋友"。

措施：

1. 平日应多邀请一些与猫猫性格类似、有共同语言的幼儿去和她一起玩，营造一个相对宽松的交往氛围，多鼓励孩子们与她交流，帮助她学会与他人交往，逐渐化被动为主动。

2. 创造条件让猫猫多开口说话。可通过表演节目、介绍旅游经历等多种方式，鼓励猫猫大胆与伙伴们交流分享。善于抓住所说内容的有趣点，发起孩子们讨论，在她成功表达自己的看法时，及时给予赞扬，让她体验到快乐，并产生一种心理：小朋友都很喜欢听我说。

效果：

经过几周的努力，猫猫有了一些明显的变化，她不再是那个孤零零坐在一旁看别人玩的小女孩，她有了自己的好朋友。虽然在自由活动时间还是比较被动的，但也会参与到伙伴间的游戏，在兴奋时也能听到她叽叽喳喳的声音，当伙伴们开怀大笑时，她也会跟着开心起来。

成为胆大自信的"乖乖女"

镜头一：在玩平衡木时，孩子们很兴奋。在示范时，一些孩子已经跃跃欲试，另一些则惊呼"老师，好厉害，我也要试试"，有的甚至发出了尖叫声。而猫猫虽是一副很期待的表情，但却没有任何声音，只是静静地站在一旁注视着。"你们看，猫猫多安静，请她第一个来。"话音刚落，孩子们各个都效仿猫猫的样子安静了下来。而猫猫却后退了一步，低头轻声说道："老师，我有些害怕。"

镜头二：快上课了，孩子们陆续回到座位等我开始上课，但是坐姿却都是懒洋洋的，还有几名在那里窃窃私语。扫视一圈，我说道："猫猫最安静，坐得也最端正，看来她已经做好上课准备了！"孩子们一听，目光立刻转向猫猫，开始调整坐姿。感受到孩子们的注视，猫猫也马上挺了挺腰杆，坐得更直了。但整节课中，她一点都不轻松，始终保持着良好的坐姿，没举过一次手。

分析：

镜头一中第一次"走平衡木"，猫猫没有如同龄孩子般发出该有的惊呼声，可见，对于令人兴奋的事物，她很会抑制自己的情感。但她期待的表情和后退的动作，却又透露出她对于组织的活动是感兴趣的，只是缺乏尝试的胆量。结合镜头二中她"始终保持着良好的坐姿，没举过一次手"的安静表现，一方面呈现了她"乖乖女"的形象，另一方面却折射出她自信与胆量的缺乏。而我的表扬却也成了限制她积极参与活动的枷锁，强化了她"乖乖女"的弱项。

措施：

1. 让她感到"她行"。请她做值日生，给她为小朋友服务的机会。这样一来，说话和做事的机会多了，不仅拉近了她与孩子间的距离，也能让她体会到为他人服务的成就感，帮助增强自信。

2. 纠正她心目中对"乖乖女"的定义。除遵守纪律外，还应积极发言、勇于探索等。对她的点滴进步及时表扬，同时也联合家长以积极的态度对待与评价孩子，让她坚信自己是一个有能力的人，增加胆量。

效果：

虽然猫猫还显得内敛和安静，但和以前相比，有了些许转变。课堂中开始主动举手，虽然次数较少，但渐渐有了在集体面前表现的勇气。语言能力也有所提高，会主动找小伙伴交流自己的见闻。家人反应她偶尔会主动说说园内发生的一些趣事，整个人比以前活跃多了。

猫猫点滴的变化，让我深深体会到：猫猫真的长大了，她勇敢地面对着每一次挑战，一次次战胜了自己，自信与胆量在这个过程中也得到了提升。

其实，成长中的每个孩子，就如猫猫一样，都有自己独特的性格特点，他们渴望被欣赏，被赞扬，而这些恰是我们教师应具备的赏识孩子的能力。作为一名幼儿园老师，我们有责任也有义务去认真观察幼儿，善于抓住教育的契机，帮助并引导他们走出性格的误区。相信只要找到孩子们性格上的突破点，没有什么是做不到的。

延伸与讨论

你对"乖小孩"是如何理解和定义的？班上是否有这类性格内向的幼儿，他的主要表现有哪些？你是如何对待和处理的？请和你的同伴分享并分析。

（上海市浦东新区冰厂田幼儿园　唐翠凤）

延伸与讨论指南

主题词：混龄（1. 有姐姐的样子）
- 混龄活动提供了不同层次的学习和互助，要给孩子创造这样的条件；
- 大孩子要照顾小孩子，要有自己的强项，但不要成为负担；
- 小孩子要学习大孩子，要发现自己的不足，但不要偷懒。

主题词：冒失鬼（2. 我也会体贴人）
- 好心办坏事，只是方法问题，不是态度问题；
- 因材施教：引导其三思而后行；学会充分了解情况，学会沟通；
- 使好心办成好事，得到大家认可，就可以改变"冒失"的形象。

主题词：慢热型（3. 细心源于关爱）
- 熟识的环境表现良好，但在陌生的环境，表现反差很大；
- 教师要有信心和耐心；
- 提供熟悉的中介物，让环境不完全陌生。

主题词：文化融入（4. 异国小精灵）
- 世界越来越小，文化相融越来越多，也越来越重要；
- 到一个陌生的环境，几多困难！要帮助他们；
- 孩子的心是相通的，孩子能尽快融合，这是孩子的优势。

主题词：不受同伴欢迎（5. 点名小帮手　6. 向着阳光前行）
- 这往往是"咎由自取"，但你可不能这么幸灾乐祸，被集体排斥是很严重的事；
- 相信孩子是相互合群的，帮助双方厘清纠葛，相互容忍、融入；
- 不受同伴欢迎的人要做出更多的改变，直到能被同伴接受为止。

主题词：内向的乖乖女（7. 走出内向的"乖乖女"）
- 她们很听话，老师自认为很喜欢她们，但这还不够，还要发展她们；
- 她们默默无闻就会丧失属于自己的机会，要鼓励她们参与、表达、表现；
- 发掘她们的特长，鼓励她们与同伴互动。